SUPERサイエンス

五感を騙《だま》す錯覚の科学

名古屋工業大学名誉教授
齋藤勝裕

C&R研究所

■本書について

● 本書は、2024年1月時点の情報をもとに執筆しています。

■「目にやさしい大活字版」について

● 本書は、視力の弱い方や高齢で通常の小さな文字では読みにくい方にも読書を楽しんでいただけるよう、内容はそのままで文字を大きくした「目にやさしい大活字版」を別途販売しています。

通常版の文字サイズ		大活字版の文字サイズ
あ い う え お	→	あ い う え お

お求めは、お近くの書店、もしくはネット書店、弊社通販サイト 本の森.JP (https://book.mynavi.jp/manatee/c-r/)にて、ご注文をお願いします。

●本書の内容に関するお問い合わせについて

この度はC&R研究所の書籍をお買いあげいただきましてありがとうございます。本書の内容に関するお問い合わせは、「書名」「該当するページ番号」「返信先」を必ず明記の上、C&R研究所のホームページ(https://www.c-r.com/)の右上の「お問い合わせ」をクリックし、専用フォームからお送りいただくか、FAXまたは郵送で次の宛先までお送りください。お電話でのお問い合わせや本書の内容とは直接的に関係のない事柄に関するご質問にはお答えできませんので、あらかじめご了承ください。

〒950-3122　新潟市北区西名目所4083-6
株式会社C&R研究所　編集部
FAX 025-258-2801
『SUPERサイエンス 五感を騙す錯覚の科学』サポート係

はじめに

錯覚とは、感覚器官に異常がないのにもかかわらず、実際とは異なる感覚や認識を覚える現象のことをいいます。知覚や感覚の対象物に対して誤った感覚や認識を得るのが錯覚であり、存在しない対象物を存在すると思ってしまう幻覚とは違う現象です。

一般に、錯覚は知覚の誤りと考えられていて、感覚・知覚・認識過程のどこかの部分でミスが生じて起こる現象と考えられます。しかし、心理学でいう錯覚とは、間違いや誤りではありません。注意深く観察しても、例え予備知識があったとしても生じてしまう、人間の感覚・知覚の特性によって作り出される現象と考えられます。

しかし錯覚はそれだけではありません。人間は社会的動物です。多人数が集まると集団を作り、規則、約束を作ります。やがて個人の価値観、規範までが集団の規則、約束に拘束されるようになり、やがてその拘束を拘束と感じなくなり、ついには拘束された状態が自分の自然の状態と錯覚するようになります。

本書はこのような錯角が私たちの感覚器官のどの分野で、どのような原因で生じるのかを解説します。自分が真実と思っている事象がもしかしたら錯覚なのかもしれません。一度チェックしてみるのも大切かもしれません。

2024年1月

齋藤勝裕

CONTENTS

CONTENTS

Chapter 3 視覚の錯覚

Chapter 4 だまし絵の錯覚

Chapter 5 味覚の錯覚

Chapter 7 触覚の錯覚

Chapter 8 聴覚の錯覚

Chapter. 1 錯覚とは

SECTION 01

錯覚という現象

錯覚とは、感覚器官に異常がないのにもかかわらず、実際とは異なる感覚や認識を覚える現象のことをいいます。知覚や感覚の対象物に対して誤った感覚や認識を得るのが「錯覚」であり、存在しない対象物を存在すると思ってしまう「幻覚」とは違う現象です。一般に、錯覚は知覚の誤りと考えられていて、感覚・知覚・認識過程のどこかの部分でミスが生じて起こる現象と考えられます。

しかし、心理学でいう錯覚とは、間違

●雲の形が狼の遠吠えに見える錯覚

いや誤りではありません。注意深く観察しても、例え予備知識があったとしても生じてしまう、人間の感覚・知覚の特性によって作り出される現象と考えられます。

錯覚の種類

錯覚はその原因により大きく4つに分けることができます。

①不注意性錯覚

対象物への注意が不十分のために起こる錯覚です。見間違い、聞き違い、人違いなど、私たちが日常経験する多くの間違いのことをいいます。

②感動錯覚

暗くて怖い場所を歩いていると、物の影が人影に見えたり、何でもない物音を人の気配に感じたりすることがあります。このように、恐怖や期待などの心理状態が知覚に影響を与えるものです。

③パレイドリア

雲の形が顔に見えたり、シミの形が動物や虫に見えたりと、不定形の対象物が違ったものに見える現象のことをいいます。対象物が顔や動物ではないという批判力も持っているのですが、一度そう感じるとなかなかなかその知覚から逃れられなくなります。

④生理的錯覚

幾何学的な錯視や、音階が無限に上昇・下降を続けるように聞こえるシェパード・トーンなどのように、対象がある一定の配置や状態にある時に起こる錯覚です。誰にでもほぼ等しく起こります。

●木の節が顔に見えるパレイドリア

SECTION 02

物理的原因に基づく錯覚

気候などの物理的な要因が原因でも錯覚は起きます。原因が物理的なものですから、なぜそのような錯覚が起こるかは明らかになっています。にもかかわらず、誰もが錯覚してしまう錯覚です。

蜃気楼

蜃気楼は沖合にある建物が縦長に見えたり、逆さに重なって見えたりする幻想的な錯覚現象で、富山湾によく現れることで有名です。昔は海に住む大ハマグリ(蜃)が吐き出す呼気によって起こる怪現象と考えられていたそうですが、現在では気象現象として合理的に説明されています。

蜃気楼は、空気に温度差がある場合に限って現れる現象です。つまり蜃気楼は、冷たい空気の層（冷気団）と温かい空気の層（暖気団）の境目を光が通るときに、光が曲がることによって起こる虚像なのです。蜃気楼には、暖気団と冷気団の上下の位置関係によって、上位蜃気楼と下位蜃気楼があります。遠くの景色が上の方に変化するものを上位蜃気楼、下の方に変化するものを下位蜃気楼といいます。

不知火

昔、妖怪の仕業だと思われていた蜃気楼があります。熊本県の八代海で見られる「不知火《しらぬい》」がその典型例です。

しかしこの現象は、「鏡映蜃気楼」と呼ばれる蜃気楼が原因であることが明らかになっています。

●蜃気楼が起きる原理

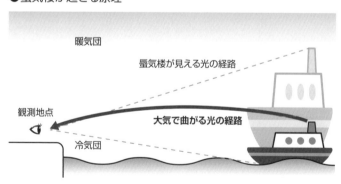

漁船の光が横にのびることで、実際よりたくさんの光がゆらめいて見えるのです。

普通の蜃気楼は空気の温度差が上下にあることによって起こりますが、不知火の場合には、横方向の温度差があるために起こったものといわれています。

逃げ水

一般には蜃気楼と思われていませんが、蜃気楼と同じ原因で起こる気象現象に、「逃げ水」といわれるものがあります。これは夏の道路によく見られる現象で、道路を歩いていると、まるで遠方に水たまりがあるように、道路の一部が光って見える現象です。ところが、その水たまりに近づくと水たまりは

●逃げ水

消えて無くなります。そのために逃げ水といわれるのですが、素晴しい命名だと思います。

実はこれも下位蜃気楼の一例なのです。実際には水たまりはありません。しかし、夏の強い日光に照らされて熱くなった地面と、その上の空気との境目で光が曲がることで起きた、蜃気楼の一現象なのです。

ドップラー効果

ドップラー効果とは、音波の発生源（救急車など）が移動したり、あるいは観測者が移動することにより、波の発生源と観測者との間に相対的な速度が存在するときに、波の周波数（音の高さなど）が実際とは異なる値として観測される現象をいいます。

発生源が近付く場合には、波の振動が詰められて周波数が高くなり、逆に遠ざかる場合は振動が伸ばされて低くなります。有名な例としては、救急車が通り過ぎる際、近付くときにはサイレンの音が高く聞こえ、遠ざかる時には低く聞こえます。

SECTION 03

感覚的原因に基づく錯覚

私たちは、「(見ている)手が自分のものである」と感じる身体意識を持っています。脳は複数の感覚(視覚、固有感覚、触覚など)を統合して、自分の身体部位が空間のどこにあるのかを推論しており、このプロセスが身体意識と深く関連します。

同期刺激(ラバーハンド錯覚あり)

感覚間に矛盾があると、脳は誤った推論を行ってしまい、病気の症状や錯覚を誘発

●ラバーハンド錯覚

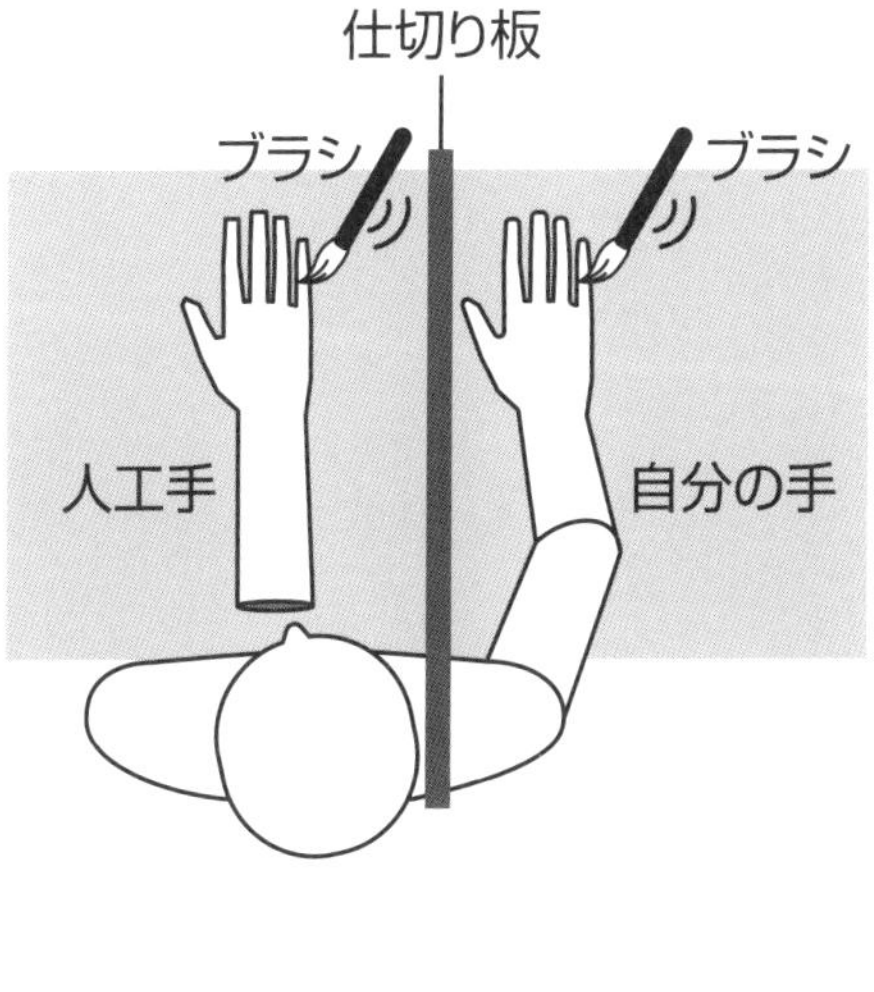

する場合があります。健常者で生じるラバーハンド錯覚はその一つです。

被験者の眼前に置いた人工手（ラバーハンド）と見えない位置に置かれた被験者の実際の手を実験者がブラシで同時に撫で続けると（同期刺激）、被験者は人工手の位置で触覚を感じ始め、最終的に人工手が本物の手のように錯覚します。

この時、実際の手の位置を判断させると、その位置は錯覚が起きる前より人工手の方へ移動します。

非同期刺激（ラバーハンド錯覚なし）

実際の手と人工手を撫でるタイミングがずれてしまうと（非同期刺激）、自分の手を撫でられている錯覚は生じません。

SECTION 04

社会的原因に基づく錯覚

人間は社会的動物です。多人数が集まると集団を作り、規則、約束を作ります。集団に属する人間はその規則、約束に拘束されます。そのような時間が長くなると、やがて個人の価値観、規範までが集団の規則、約束に拘束されるようになり、やがてその拘束を拘束と感じなくなり、ついには拘束された状態が自分の自然の状態と錯覚するようになります。

エジプト絵画

次ページの図は古代エジプトの絵画です。人物像を見てください。衣服や装飾品は写実的に描いてあるのですが、人物像が当時の約束事に完璧に縛られています。顔は完全に横顔です。それに対して肩、胸、お腹等の上半身は正面向き、下半身がまた横向きです。

技術が拙くてこんな不自然なポーズになったとは思えません。古代エジプトでは何世紀にもわたって人物はすべてこの固定スタイルです。たぶん、当時のエジプト人には、人物はみなこのようなポーズに見えていたのでしょう。これは当時の「社会常識」に従ったもので、一種の錯覚と言えるのではないでしょうか？

■遮光器土偶

これは日本の縄文時代に作られた土偶で、目に当てたものが、葉か布に細い横穴を開けた遮光器（サングラス）を着けた

●古代エジプトの絵画

女性を象ったものであろうと、当時の研究者が考えたことから「遮光器土偶」と名付けられた国宝の土人形です。

この人形は私には宇宙人かロボットにしか見えませんが、いずれにしろ何千年も前の縄文時代には相応しくありません。もしかしたら3千年ほど前のエジプト時代と同じように、縄文社会では女性はこのように作るもの、という社会常識が醸成されており、作者も無意識のうちに洗脳されて、女性とはこのようなものと錯覚していたのかもしれません。

ところが最近、この土偶に対して新しい解釈が出てきました。それによると、なんとこれは当時の常食であった栗の擬人ではないかというのです。その説に従えばこの土偶の顔は「栗の実」であり、土偶はその顔に漫画チックな胴体を付けたものということ

●遮光器土偶

とになります。

現代でも漫画やマンガチックなフィギュアに二頭身の人物が登場します。それを見ても違和感を持たずに感情移入できるというのも錯覚の一種なのかもしれません。

■天国・地獄

昔の仏画を見ると、「天国の絵」はあまり見ませんが、「地獄の絵」はあちこちで見ます。もしかしたら昔の庶民の暮らしは過酷で、地獄を想像させるようなものだったのかもしれません。そのような人が、現在自分の住む世界を例えたら、天国よりは地獄が近かったのでしょう。

平安の昔の人はそのような錯覚の世界に生きていたのかもしれません。

SECTION 05

歴史的原因に基づく錯覚

長い人類史の特定の時期には、特定の常識が社会を支配していました。そのような時代に生まれ、素直に社会常識に従って生きた人には、自分の置かれた立場、あるいは他人の置かれた立場もそのような社会常識に拘束された錯覚の立場だったのかもしれません。

身分制度

私が子供の頃は、江戸時代には士農工商の身分があったと教わりましたが、現代では、そのような身分は昔考えられたほど厳密なものではなかったという説が有力のようです。

しかし、インドにおけるカースト制度という身分制度はかなり厳格だったようです。

常識的に考えれば、そのような身分の違いは、例え緩かろうが、あるはずはないのですが、それをあると考えて逆らわなかったのは、やはり錯覚が働いたせいなのではないでしょうか？

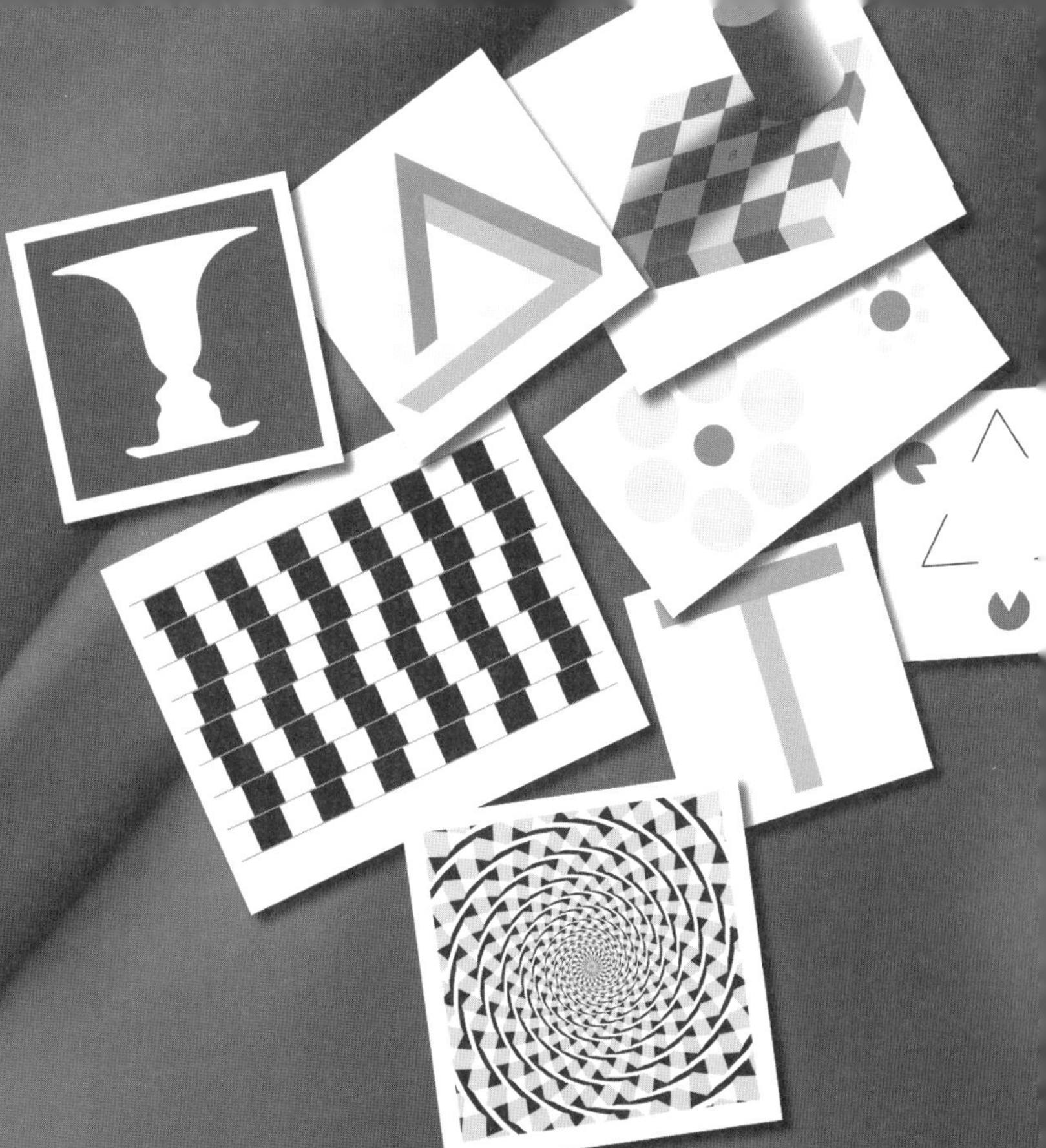

Chapter. 2
感覚器官のメカニズム

SECTION 06

感覚とは

人間は、視覚、味覚、嗅覚、聴覚、触覚の5種類の感覚を持っており、これらを一般に「五感」といいます。この五感を感じる器官が感覚器官であり、視覚は目、味覚は舌、嗅覚は鼻、聴覚は耳、触覚は皮膚で感じます。感覚器官で感じ取った感覚は脳に送られ、脳で解析して、美しいとか、美味しいという感じが私たちの心に湧きます。

神経細胞

感覚器官というセンサーで感じ取った情報を脳に送るケーブルが神経細胞です。神経細胞は特殊な細胞で、

●感覚器官

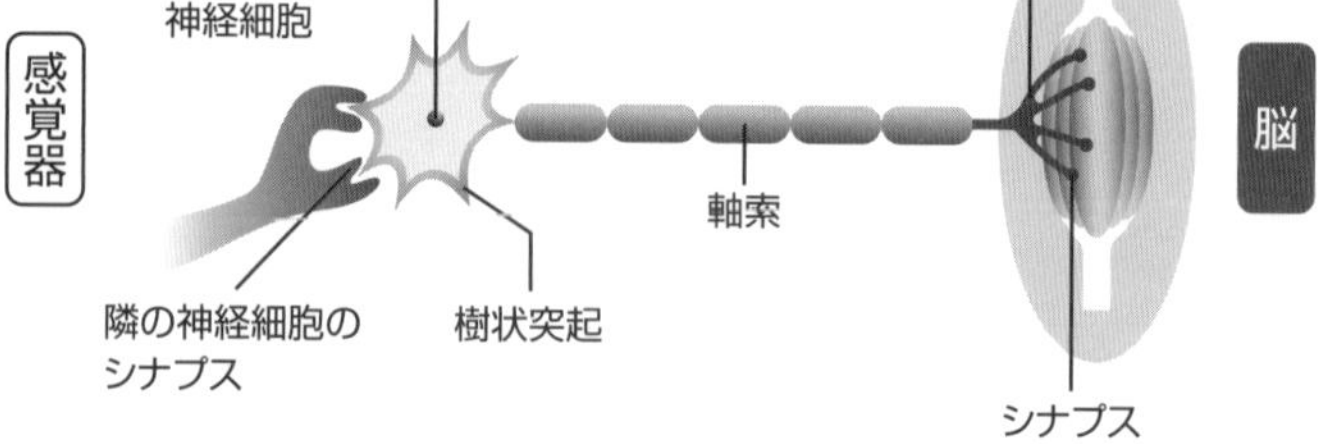

短いものは普通の細胞と同様に目に見えないくらい小さく短いですが、長いものは数十センチメートルもあるものもあります。その形は図に示したもので、まず、ヒトデのような形をした「細胞体」があり、ここに細胞核があってそこにDNAやRNA等の核酸が入っています。いわば神経細胞の最も大切な部分です。

細胞体には木の根のような「樹状突起」がたくさん生えています。細胞体から長い軸が出ていますがこれを「軸索」といい、神経情報が流れる重要部分です。そして軸索の端には「軸索末端」と呼ばれる、これまた木の根のようなものが生えています。

図では左の感覚器と右の脳は1本の神経細胞で結ばれていますが、普通はこのようなことはありません。何個もの神経細胞が同じ方向にならび、樹状突起と軸索末端の「根」を互いに絡みつかせて繋がっています。この2種の根が絡み合った部分をとくに「シナプス」といいます。

▪▪▪ 神経情報の流れる方向

神経情報は一方向に流れ、それは樹状突起↓細胞体↓軸索↓軸索末端↓シナプス↓

樹状突起↓…という方向に流れます。したがって、図では感覚器が感じた情報を脳に送るルートが描かれています。

脳が感覚器に指令を送る場合には、神経細胞がこれとまったく逆方向につながったケーブルを通じて送ることになります。

神経情報を送る手段

神経情報が軸索を伝わる手段は軸索に起こる電圧変化です。したがって電話連絡と思えばよいでしょう。しかし、シナプスでは2個の神経細胞は絡み合っているだけで結合していません。電話線が切れています。従ってこの区間は電話連絡ができないので手紙連絡になります。この手紙が一般に「神経伝達物質」と呼ばれる物質、アセチルコリンやドーパミンとなります。つまり、軸索末端から神経伝達物質が放出され、それが次の細胞の樹状突起に結合すると神経情報が伝わるのです。

●神経情報の流れ

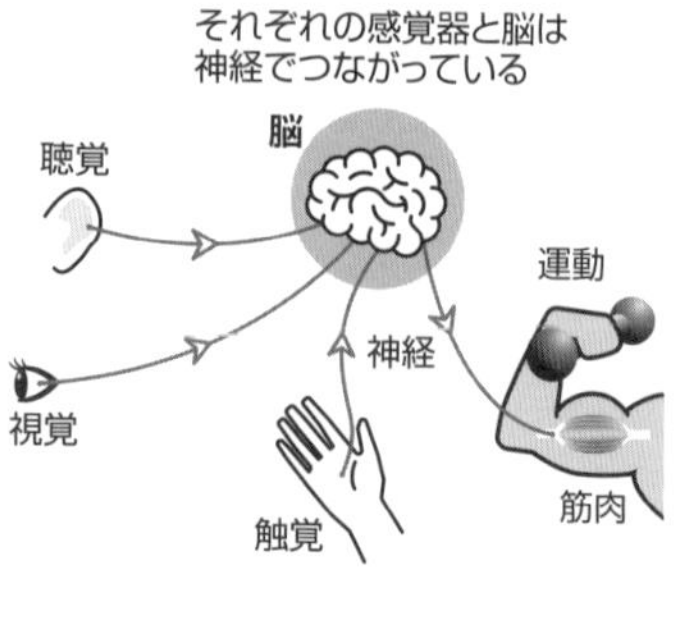

SECTION 07

脳の構造と機能

感覚器官というセンサーがキャッチした情報は先ほど見た神経細胞のネットワークによって脳に送られ、そこで解析されて評価されます。そしてその評価によってどのように対処するかを判断し、体各部の筋肉にどのように行動するかの命令を伝えます。命令は、感覚器官の情報が送られてきた神経ネットワークとは逆向きのネットワークによって筋肉に送られます。

脳を作るもの

脳は簡単にいえば神経細胞の巨大な塊です。脳を作る神経細胞の個数は1000億から1500億個といわれ、そのうち、大脳にあるのがおよそ140億個、小脳が1000億個といわれています。神経細胞が小脳の方が多いのは意外に思われるかも知れませんが、小脳は筋肉の動きを支配するだけでなく、体全体の臓器の動きをも支配します。

つまり、私という1個の人間が生きるか死ぬかは小脳のはたらきにかかっているのです。つまらないことを考える大脳より、必死に生き続けることのみを考え続ける小脳のほうが、命に取ってはよほど大切なのでしょう。

脳の構造

脳はいくつかの部分構造に分けることができます。分類の仕方はいろいろありますが、なじみ深い分類法は、大きく三

●脳の構造

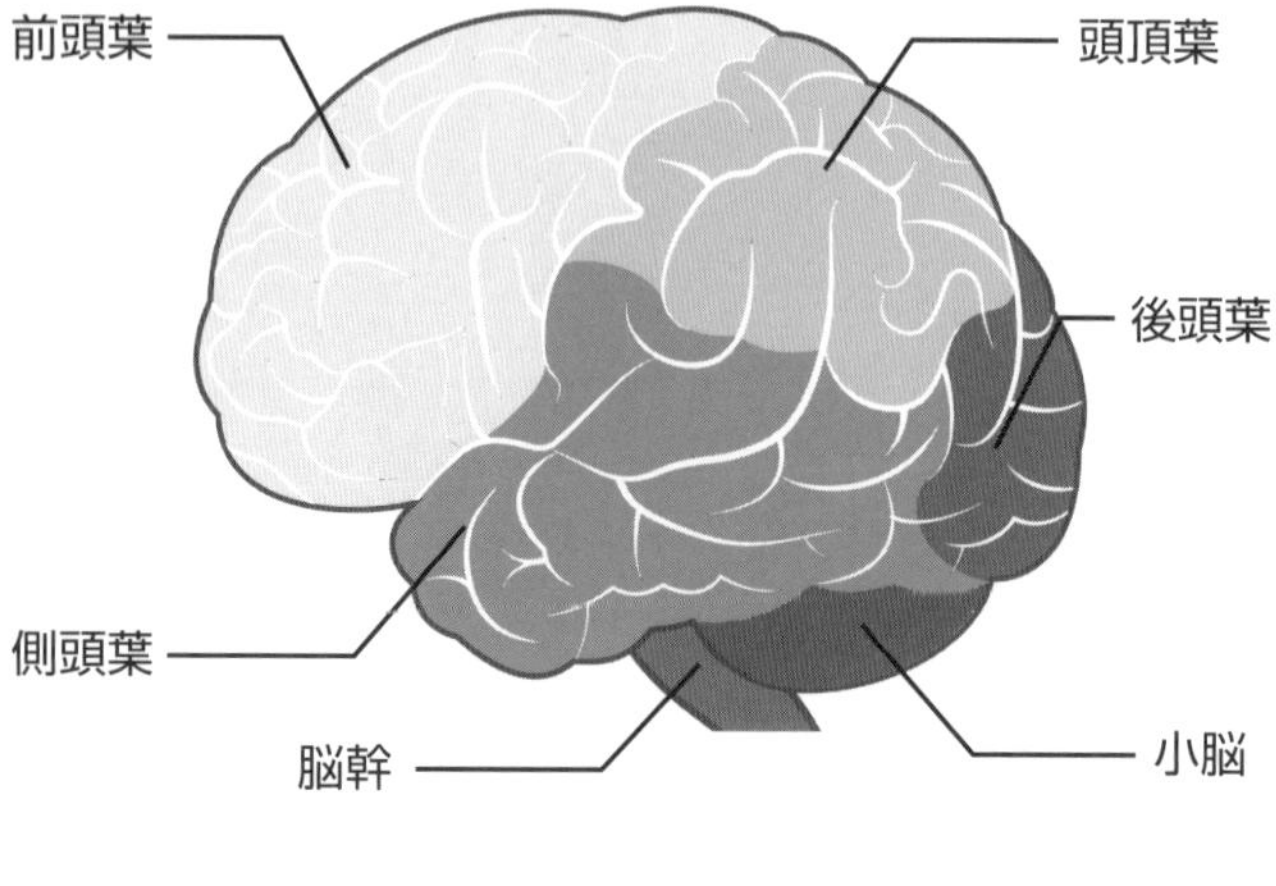

部分、すなわち大脳、小脳、脳幹に分ける分類法でしょう。

大脳はその名前の通り体積的に最も大きく、重量も脳全体の約80％を占めます。小脳は大脳の後方下部にあり、脳幹は脳と脊髄との接合部にあります。

大脳はさらに視床下部とも呼ばれる間脳、海馬、終脳の3部分に分けることができます。最も大きいのが終脳であり、これはその位置によって頭頂葉、前頭葉、側頭葉、後頭葉の4部分に分けることができます。

脳幹は中脳、橋《きょう》、延髄の3部分に分けることができます。

●脳の構造の分類

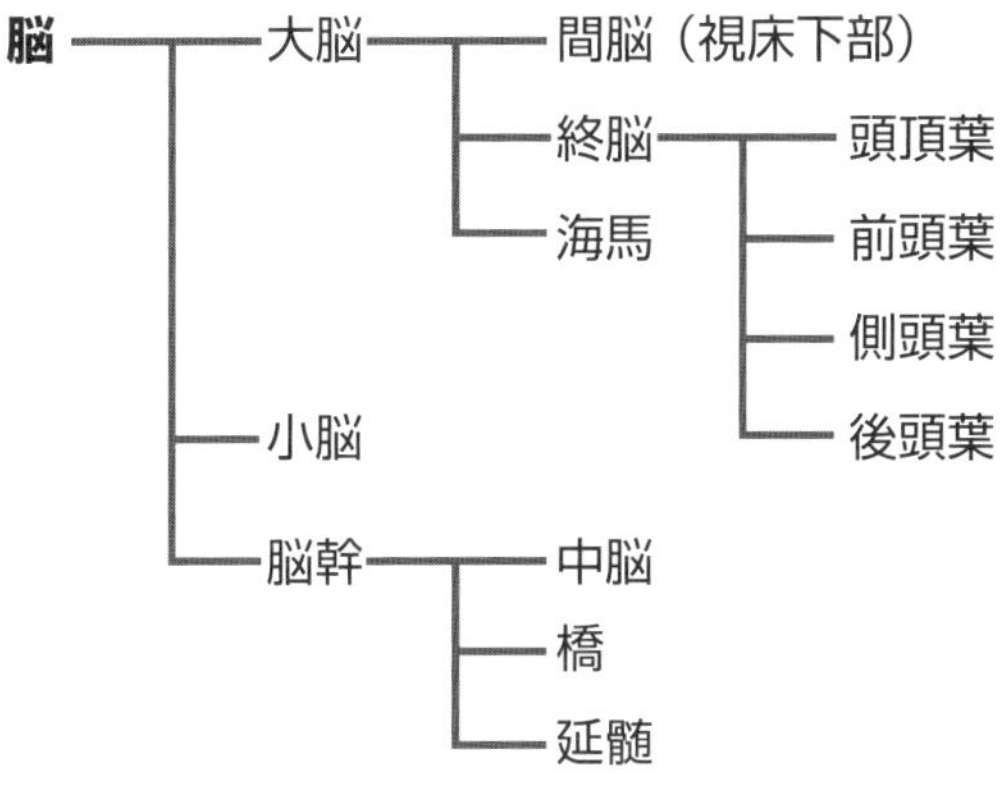

■脳の働き

脳の各部分がどのような働き、機能を行っているのかを見てみましょう。

①脳幹

小さくて、脳全体から見たら辺境の地にあるような部分ですが、呼吸、血液循環、体温調整など生命活動の最も根幹的な大切な中枢を担っている部分です。

②小脳

呼吸など各種内臓の動き、あるいは体の運動を調整する役割を担います。アスリートにとっては命の次に大切な部分かもしれません。

③大脳

大脳の部分ごとの名前は先に見た通りですが、大脳をその働きによって区分けするときには次の3つの部分に分けて考えるのが一般的です。

・**大脳皮質**

大脳の表面部分です。思考の中心であり、人間らしい行動をつかさどる部分です。

・**大脳辺縁系**

大脳の内側部分です。大脳皮質が「思考」をつかさどるのに対して辺縁系は「本能」の役割を担っています。

・**大脳基底核**

大脳と脳幹を結合している神経細胞の総称です。運動の調整、学習など多彩な役割を担っています。

神経細胞の情報伝達

神経細胞における情報伝達の方法は、情報が軸索を通るときは電圧変化で対応し、神経細胞間、つまりシナプスを通るときは神経伝達物質の移動によって行います。

①　神経伝達物質の除去

脳における問題は、この神経伝達物質の移動です。軸索末端から放出された伝達物質が樹状突起にある伝達物質受容体に結合したままでは、その細胞はいつまでも興奮したままでいなければなりません。これでは次の指令に対応することができなくなり、命が危うくなります。

したがって神経伝達物質を取り除いて平常状態に戻さなければなりません。そのためには2つの方法があります。

❶直ちに酵素が現れて神経伝達物質を分解してしまう

❷受容部位から離れた情報伝達物質が軸索末端にあるトランスポーターといわれる部分から軸索末端に吸収される

脳の神経細胞は、この❷の方法で元に戻っています。

②　神経伝達物質

神経伝達物質にはいろいろ種類がありますが、よく知られているのは次のものです。

・アセチルコリン
神経細胞と筋肉の間に働く伝達物質です。

・ドーパミン
運動調節、ホルモン調節、快楽の感情、意欲、学習などに関与します。パーキンソン病はドーパミンの分泌異常によって起こります。また、覚せい剤などの薬物の影響を大きく受けることでも知られています。

・β-エンドルフィン
幸せな感じをもたらす作用があるため、脳内麻薬と呼ばれることもあります。ジョギングで気分が高揚してくるのはβ-エンドルフィンの分泌によるものといわれています。モルヒネの6倍以上の鎮痛作用があります。

・セロトニン
生体リズム・神経内分泌・睡眠・体温調節などに関与します。

SECTION 08

視覚のメカニズム

視覚はいうまでもなく、物を見る感覚です。視覚のセンサーは目です。

眼球の構造

眼球は直径25㎜ほどの球形の物体であり、瞼《まぶた》で覆われています。角膜と瞳孔を通った光は水晶体に達します。そして水晶体で屈折されたのち、硝子体を通って網膜に像を結びます。この網膜に視細胞があり、そこから視神経が伸びて脳に視覚の情報を伝えることになります。

●眼球の構造

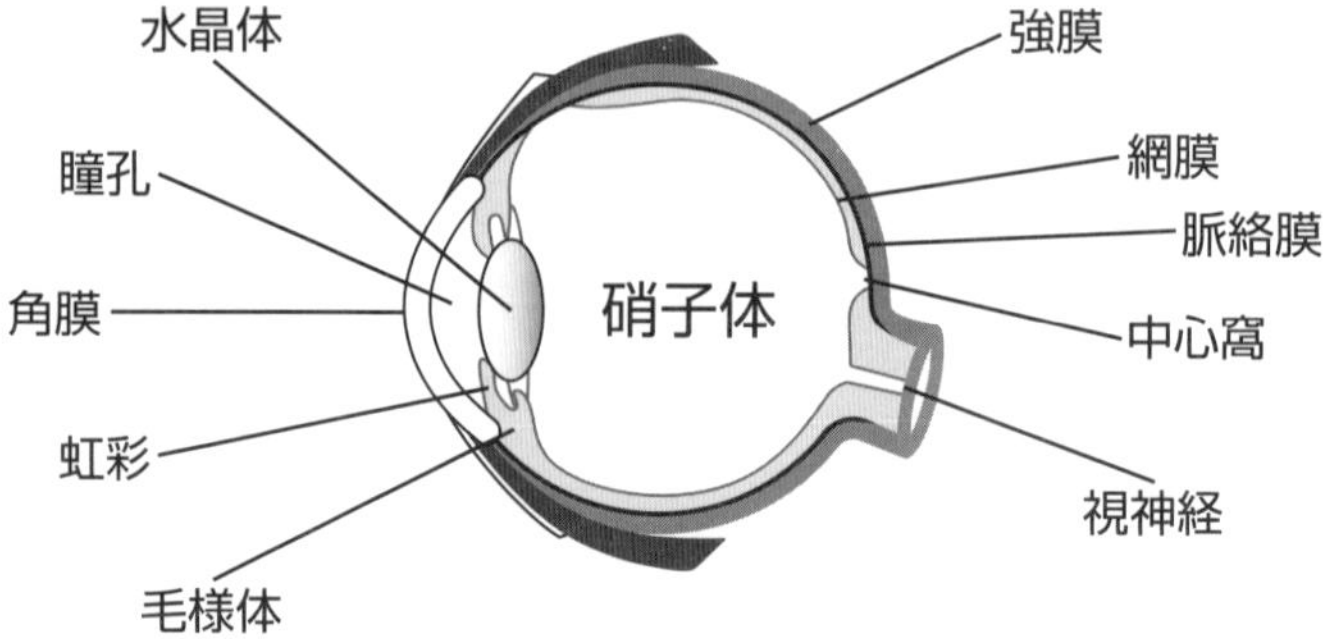

「水晶体」はカメラのレンズに相当する部分です。そのため、遠くのものを見るときと近くのものを見るときとでは、水晶体の屈折率を変える必要があります。その役目をするのが「毛様体」という筋肉です。毛様体が伸び縮みすることによって水晶体が引っ張られたり、押し縮められたりします。その結果水晶体の厚みが変わり、屈折率が変化するのです。

網膜の構造

硝子体は網膜といわれる膜で覆われています。網膜はカメラでいえばフィルムに相当します。

網膜の最重要部分は視細胞です。視細胞には形状が棒状の「桿体細胞《かんたいさいぼう》」と、先端が円錐状になった「錐体細胞《すいたいさいぼう》」があります。桿体細胞は明暗だけを判断しますが錐体細胞は明暗の他に色彩を判断します。

視細胞の構造

桿体細胞と錐体細胞の構造は、それぞれ図のようになっています。形は両者ともよく似ていますが、違いは主に外節部分にあります。桿体細胞はその名前のとおり棍棒状であり、錐体細胞は円錐状になっています。網膜に達した光は視細胞の外節に達し、そこでディスク中のタンパク質の一種であるロドプシンの中にあるレチナールという分子に届きます。するとレチナールが光によってその形を変化します。その変化をロドプシンが察知し、それが結果的に光を感知する、という機能になるのです。

●視細胞の構造

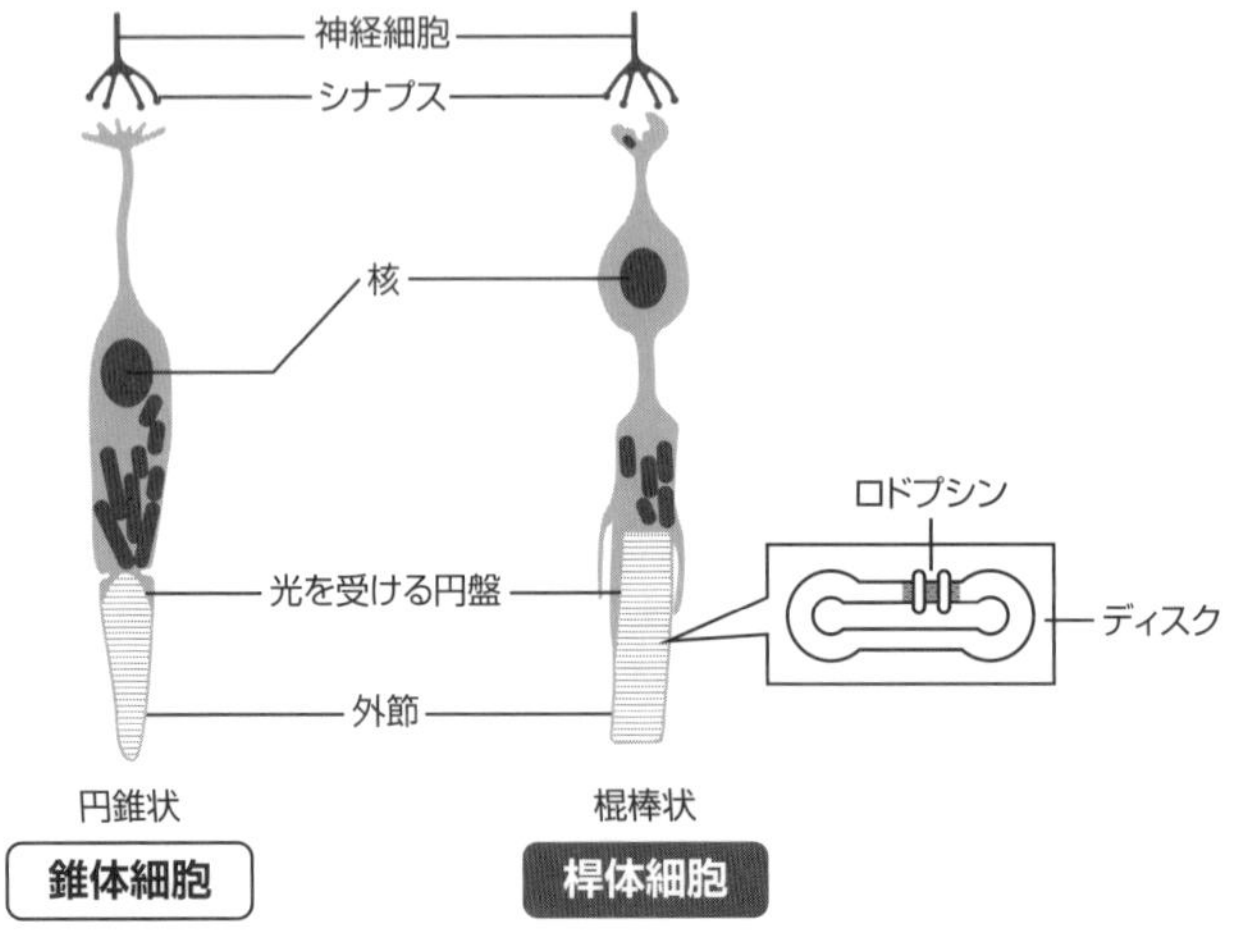

レチナールの構造変化

レチナールの構造は図の通りですが、それはオールトランス-レチナールという分子です。しかし、光が当たる前のレチナールはこれとは違った構造をしています。光が当たる前のレチナールは11-シス-レチナールといわれる分子であり、C_{11}-C_{12}部分の曲がり方がオールトランス型とは異なっています。このように、同じ分子式でありながら、構造式の違う分子を互いに異性体といいます。

この11-シス型に光が当たると、異性化して、オールトランス型に変化するのです。ロドプシンはレチナールの形状の変化

●レチナールの構造

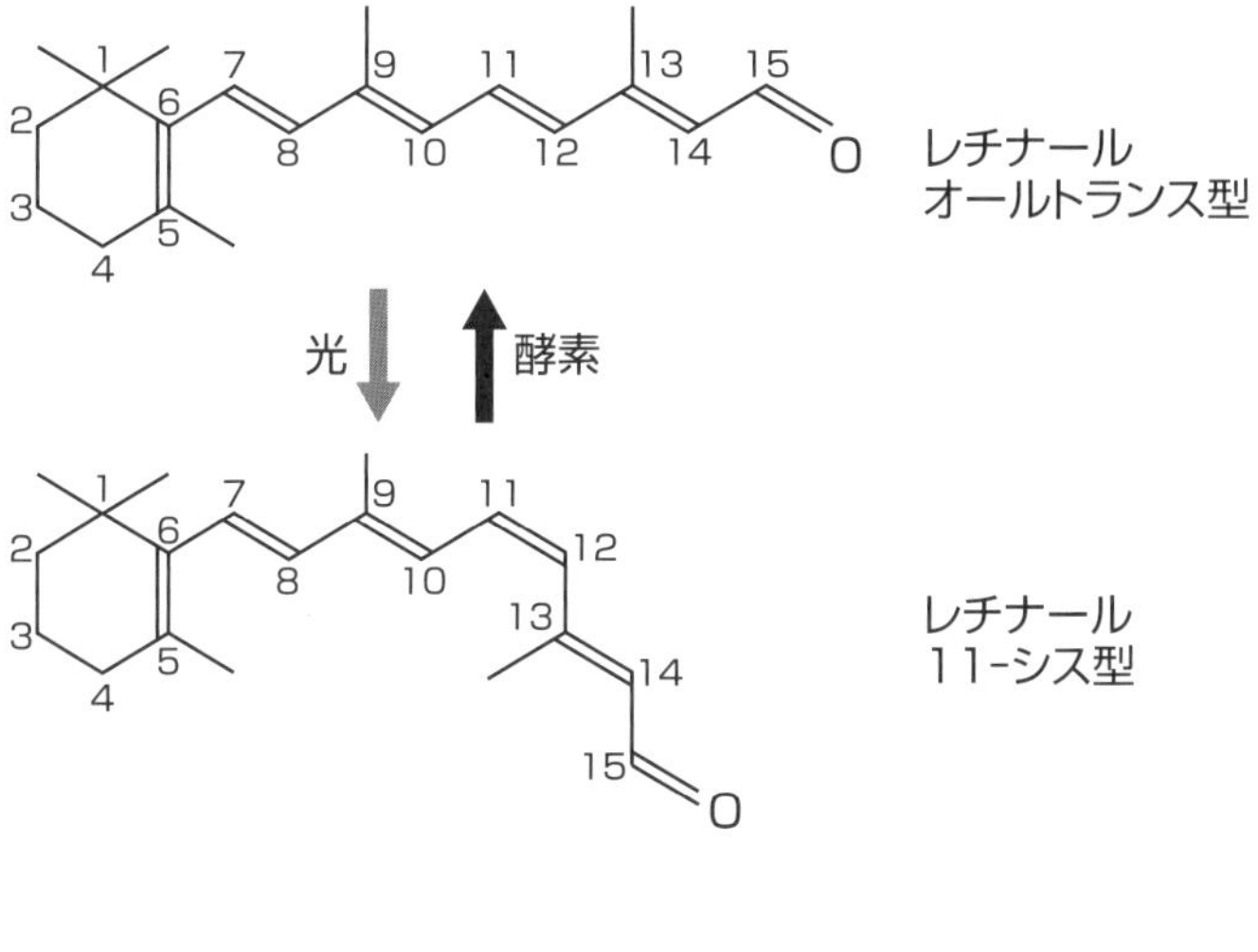

を感知して、光が来たことを感知します。このようにして「光照射」という物理現象が、「化学現象」に翻訳されたのです。

オールトランス型に変化したレチナールは、異性化酵素の作用によって直ちに元の11-シス型に戻り、次の光に備えます。

SECTION 09

味覚のメカニズム

欧米では味に４つの基本要素があると考えました。「甘味」「塩味」「酸味」「苦味」です。「辛み」もありそうですが、辛みは味とはみなされません。辛みは痛覚を刺激する「痛み」の一種とされます。

しかし日本人は４つの基本味の他にもう一つの要素があることを知っていました。それが「うま味」です。その結果、現在では先の４つの要素に「うま味」を加えて5つが基本味といわれています。

ところが最近、これら5つの基本味に加えてもう一種類、基本味を付け加えようとの説が出ています。その候補味にはいくつかありますが、主なものは①カルシウム味、②脂味、③コク味です。コクを発現する物質と考えられているのが「グルタチオン」です。これはアミノ酸が3個結合したもので、他の味覚の「広がり」や「持続時間」に影響を与えている可能性があるといいます。

味覚器官

味覚のセンサーは「舌」です。舌には「味蕾《みらい》」という感覚器官が無数についています。味蕾は味を感じる「味細胞」の集まりで、先に見た5種の基本味の全てを感じることができます。

味蕾の形は図のように樽状で、舌の上皮内に存在します。大きさは60～80μ×40μで垂直方向に長い味細胞という細胞が集まってできています。味蕾の数は乳幼児で約1万個ですが、成長とともに減少し、成人になると7500個になるといわれています。味蕾は味細胞の集まりですが、味細胞は味分子の発する情報をキャッチしてそれを脳に伝える役目をします。味細胞の感度は苦味に対して特別強くなっていますが、

●味蕾の構造

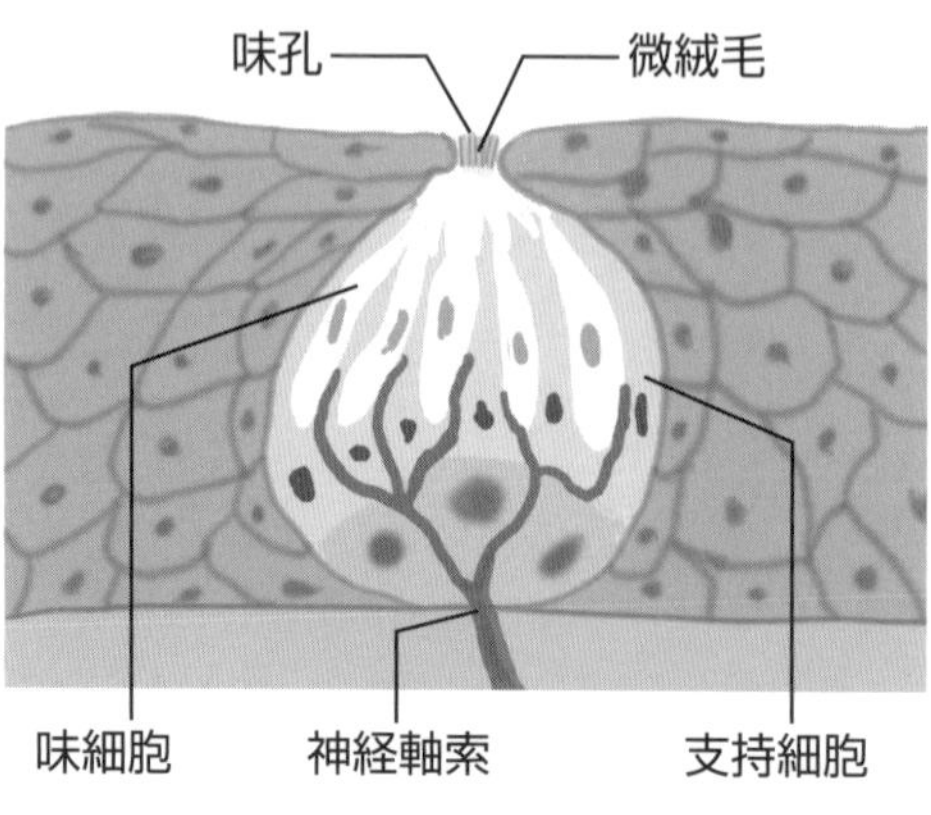

これは腐敗物や毒物など人体に有害となる回避すべき味を即座に識別し、食物を取捨選択する役割を果たしているせいと思われます。

味覚地図

昔は、舌は全部分が平等に全ての味を感じるのではなく、部分によって感じる味に違いがあるといわれました。図は、舌の「どの部分」が基本味の「どの味」を感じるかを表したもので、「味覚地図」などと呼ばれます。しかし、現在では、味覚地図の各部分は、その担当分野の味だけでなく、担当以外の味をも感じていることがわかっています。つまり、舌の部位によって感じる味の種類が異なるという味覚地図は、科学的に否定されたことになります。

●味覚地図

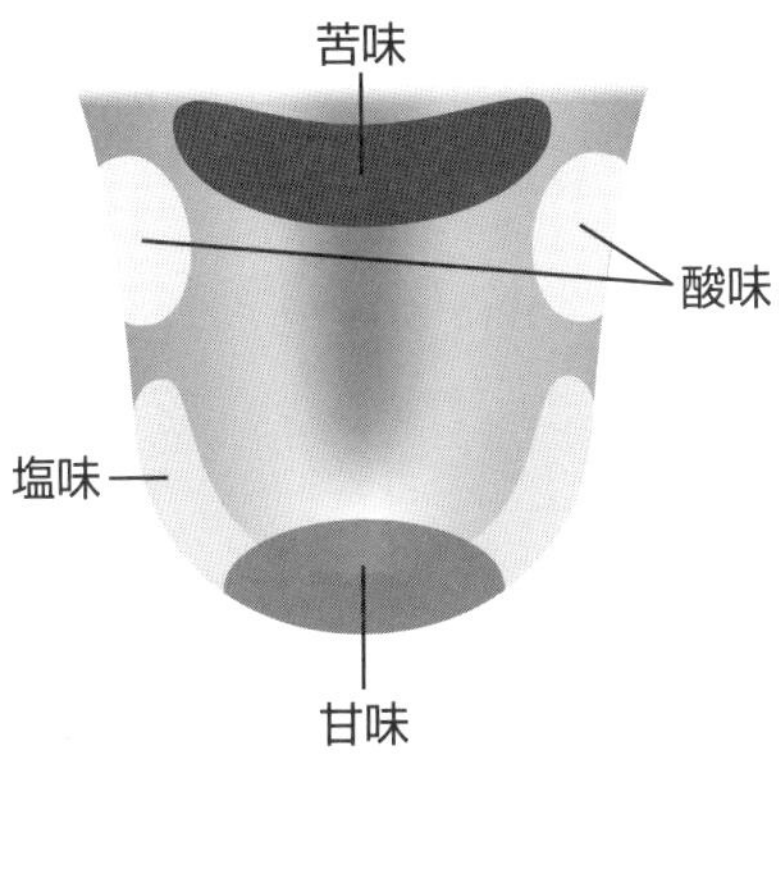

SECTION 10

嗅覚のメカニズム

嗅覚と味覚は似た感覚ですが、違いもあります。似ている点は両者とも、感覚の元になる分子と、それを感じる感覚細胞が直接接触しているということです。

一番の違いは、感度です。味覚の場合は、味を感じるための最低濃度（「閾値《いきち》」）は溶液濃度が1ppm（100万分の1）以上ですが、嗅覚の場合は空気中の濃度が1ppb（10億分の1）以下の分子でも感知されることがあります。つまり嗅覚の感度は、味覚の感度の1000倍以上も高いのです。

このように、鋭敏な嗅覚をつかえば、離れた所に居る獲物、あるいは捕食者を見つけることができることになります。

嗅覚器官

匂いのセンサーは鼻であり、その構造は図のようなものです。鼻孔の奥には比較的広い鼻腔があり、その最上部に嗅細胞があり、ここで匂いをキャッチします。嗅細胞は表面の粘液中に繊毛を出し、そこに着いている受容体を用いて粘液に溶け込んだ化学物質、匂い分子と結合します。

すると嗅細胞は興奮を起こしますが、この興奮が神経を伝わって脳へ運ばれ、脳が匂いを認識するのです。

嗅細胞

次ページの図は嗅細胞を模式的に表したもので

●鼻の構造

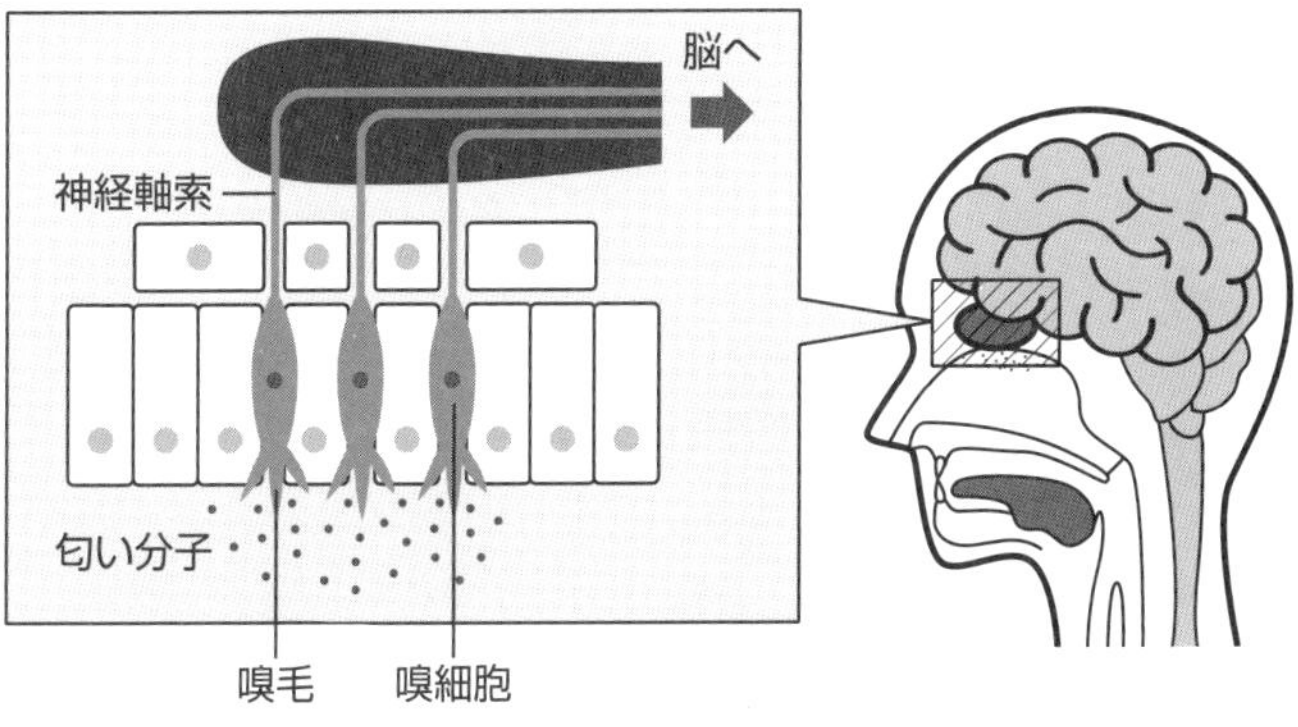

す。嗅細胞の特徴は長いヒゲ状の繊毛（嗅毛）を持っていることです。嗅覚にとって重要な働きをするのは嗅細胞上にあるタンパク質であり、これを一般に嗅覚受容体といいます。嗅覚受容体は、人では３９６種類、マウスでは１１３０種類が発見されています。それぞれの嗅覚受容体は、特定の一種類の匂い分子のみが結合するのではなく、いくつかの類似した分子が結合できます。また、複数の匂い分子の混合物から構成される匂い物質は、数種～数十種の受容体と結合します。

このように複数個、複数種類の嗅覚受容体から送られてくる匂い情報を脳が分類整理して、危険そうな匂い、安全そうな匂い、過去に嗅いだことのある匂いなどに整理して、各々に対処する方法を筋肉に命令するのです。

●嗅細胞

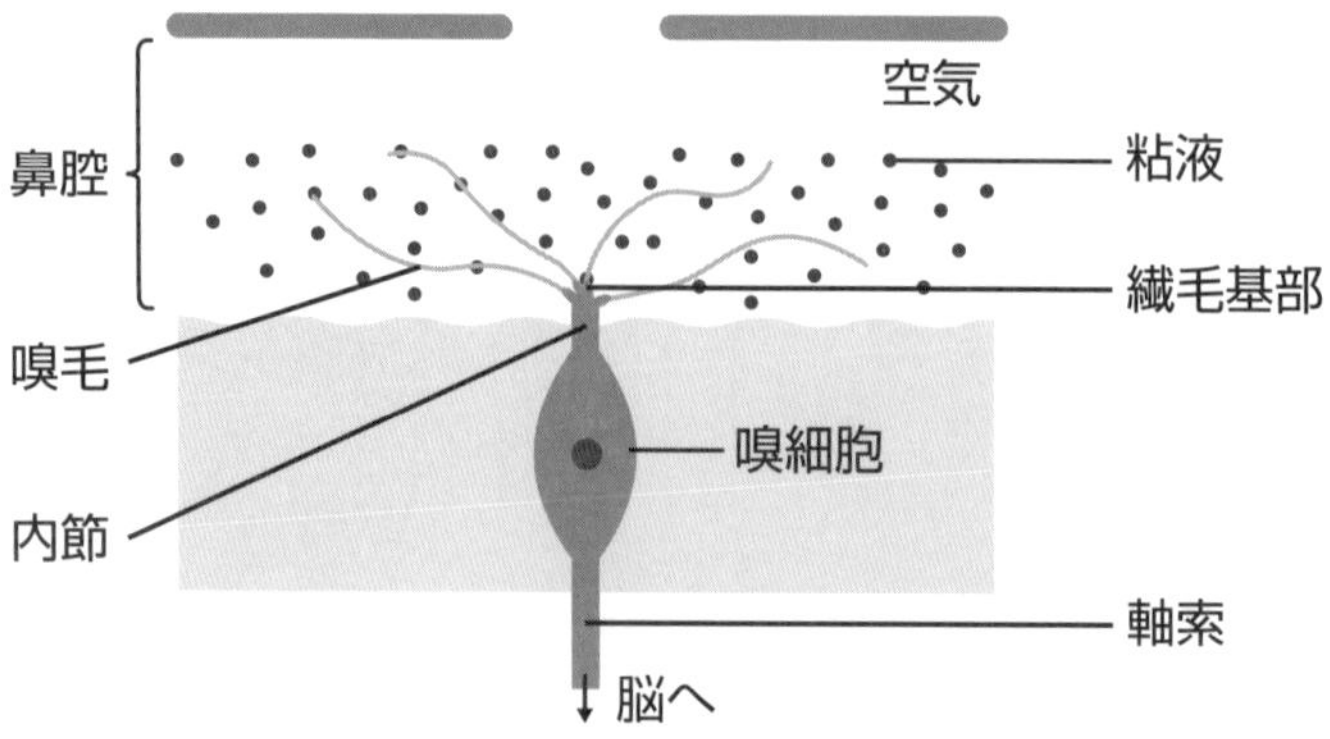

SECTION 11

触覚のメカニズム

皮膚は私たちの体を包む丈夫な膜であり、体を外敵から守ってくれる防御体ですが、それだけではありません。

皮膚感覚とは

外敵から身を守るためには外敵の侵入をいち早く察知しなければなりません。またその外敵が暖かい哺乳類なのか、冷たい爬虫類なのかなどを予め知らないことには、有効な防御をすることはできません。温度、湿気等の気象条件の変化も察知する必要があります。

このような、皮膚によって感じる感覚を一般に「皮膚感覚」といいます。皮膚感覚は主に皮膚の感覚点に存在する受容細胞によって知覚されます。

皮膚感覚の種類

皮膚には、「触覚」「圧覚」「痛覚」「温覚」「冷覚」の5つの感覚があります。皮膚感覚を感知するセンサーは「受容器（レセプター）」と呼ばれます。レセプターは、刺激を電気信号に変換して神経系に伝達する役割を担う器官です。

たとえば痛みを受け取るセンサーは、自由神経終末（軸索末端）と呼ばれる神経細胞の末端です。

これは体内や外界から、痛みの刺激、温度刺激、化学刺激（化学的な物質などで起こる炎症の刺激）を受け取り、その刺激を電気的信号に変換します。痛みの電気信号は、最終的に脳に送られます。

●皮膚

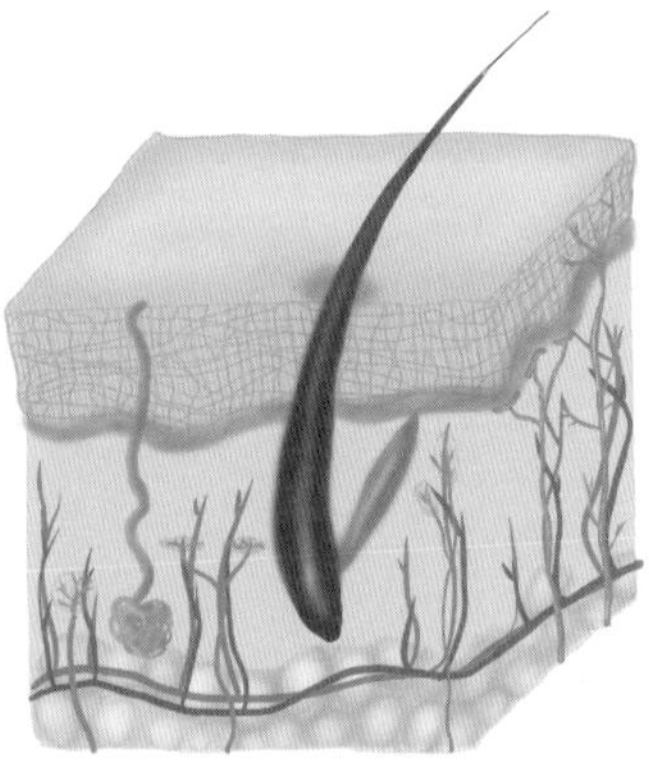

SECTION 12

聴覚のメカニズム

人間の聴覚は空気振動の一部、つまり振動数20～2万ヘルツの間の振動を音として認識することができます。しかし動物の中にはもっと広い可聴範囲を持ったものもいます。たとえばイヌは5万ヘルツ、ネコは10万ヘルツ、コウモリは12万ヘルツ、イルカに至っては15万ヘルツの音を聞くことができるといいます。

外耳

人間は音を耳というセンサーによって感知します。耳は「外耳」「中耳」「内耳」の三部分に分けて考えることができます。

顔の両横についている、いわゆる耳は外耳に相当します。外耳は「耳介《じかい》」と「外耳道」からなる器官です。耳介は、パラボラアンテナのように空気中を伝わる音声の音圧をあげて集音する機能を持ちます。

左右の音源特定には耳が左右に2個あることも大きく役立っています。つまり、1個の音源から出た音波でも、左右の耳に到達する時には微妙な時間差が生じます。この時間差によって左右の方向を推定しているのです。

外耳道は約20〜30㎜の長さを持っており、「鼓膜」で終わります。

中耳

中耳は、鼓膜の他に、「つち骨」「きぬた骨」「あぶみ骨」の3つの「耳小骨《じしょうこつ》」からできています。

鼓膜は外耳道と中耳をわける厚さ約0・1㎜の円形の薄い半透明の膜です。鼓膜は外耳道を通ってきた空気振動によって、その振動数と同じ振動数で振動します。この振動が内耳のリンパ液に伝わる際、3つの耳小骨を経由することで、鼓膜とあぶみ骨の面積比の関係と、テコの原理によって圧力が約22倍に増幅されます。

音が聞こえる仕組み

空気の振動は、先ず外耳を構成する耳介で集められ、外耳道を通って、鼓膜に伝えられ、その振動は鼓膜に繋がった耳小骨という3つの小さな骨で増幅されて蝸牛管に伝わります。蝸牛管の内部には有毛細胞が並んでいます。

あぶみ骨が振動すると蝸牛管の中のリンパ液が揺れ、その揺れで有毛細胞の毛が揺れます。毛の揺れ幅が音の大小を反映します。そして、蝸牛管のどの位置にある毛が揺れるかは音の振動数によって

●耳の構造

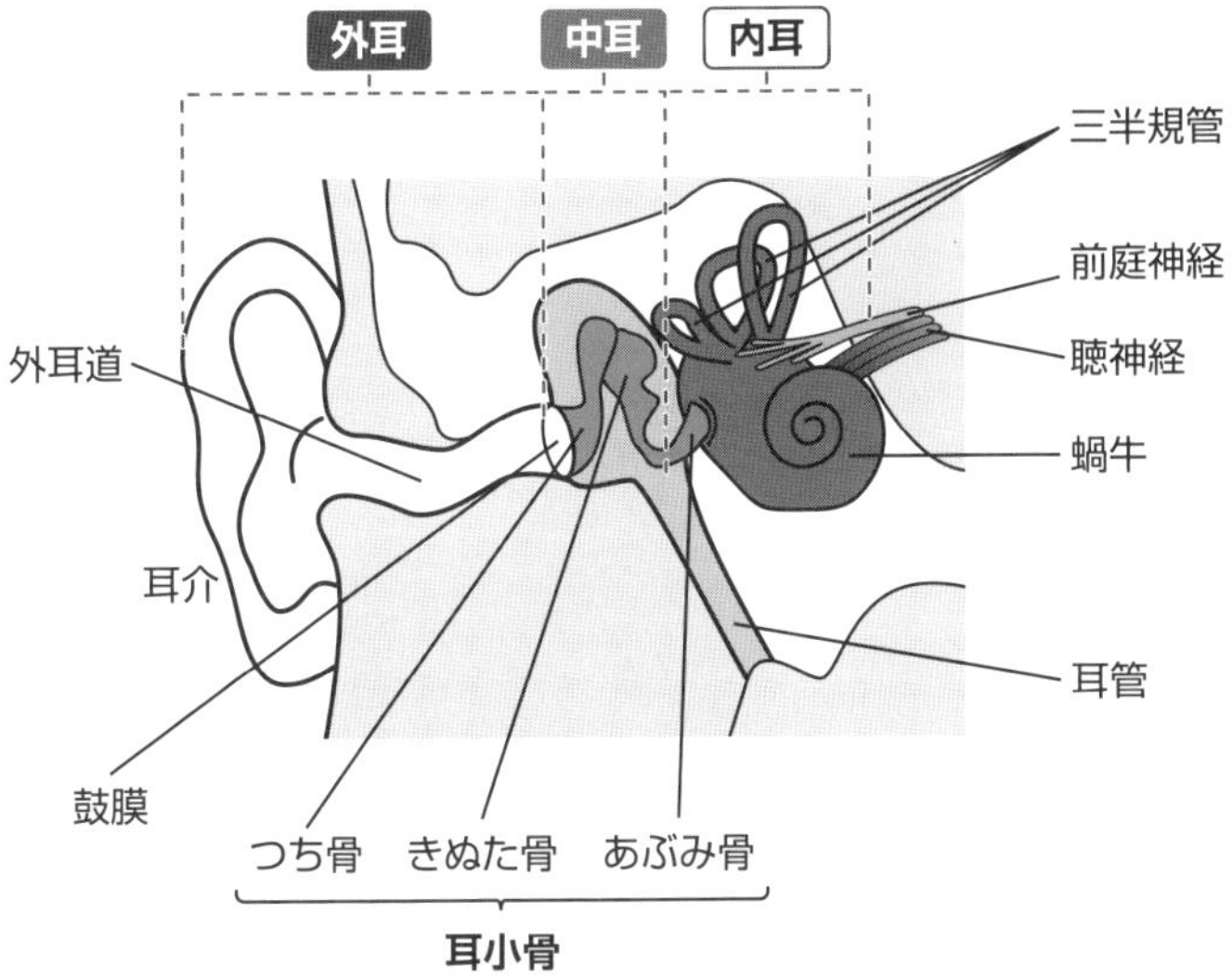

変わります。

　したがって、どの位置の感覚細胞が揺れているかによって、その音の振動数(周波数)がわかり、結局、音の音階(音の高さ)がわかる仕組みになっています。

　揺れた有毛細胞の位置、毛の振幅や振動数を知らせる情報は電気信号となって脳に伝えられ、大脳皮質の聴覚をつかさどる部位がその信号を認知・処理した時「音が聞こえた」と認識し、それがどの高さの音なのかを識別します。

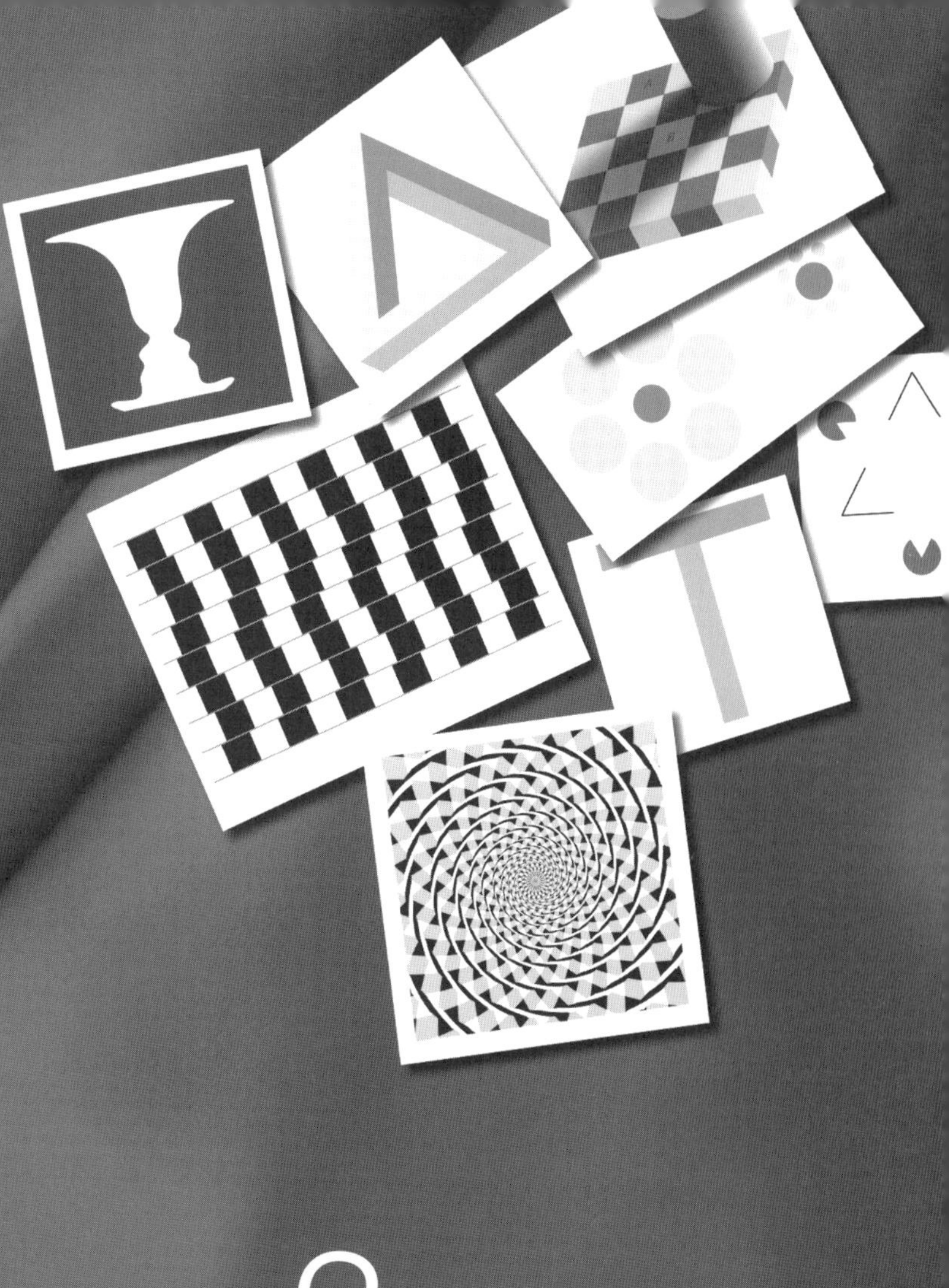

Chapter. 3
視覚の錯覚

SECTION 13

私の赤とあなたの赤

私たちは色彩に囲まれて生活をしています。私たちの周りには無数の種類の物質がありますが、それらの物質は全て異なった色彩をしています。色彩の種類は無限にあるといってよいでしょう。

色彩と明度

私たちは色彩の名前を知っています。どれだけの種類の色彩名を区別することができるかは、その人の教養と文化の程度を証明するものといってよいでしょう。もし、虹の七色の名前程度しか言えないとしたら、あなたの文化程度はその程度のものですか、といわれてしまうでしょう。

虹の七色といえば、虹の外側から順に、「赤、橙、黄、緑、青、藍、紫」ですが、ここには白と黒が入っていません。というのは白と黒は「色彩」とは考えられていないからです。白と黒は色彩ではなく、明度なのです。実際の物体の色は色彩と明度の組み合わせとなっています。

色彩の名前

私たちは「赤い色」を知っています。「青い色」も知っています。赤い色といえば日本人はリンゴの色を思い浮かべ、青い色といえば秋の青空の色を思い浮かべます。ところで、「あなたの思う赤」と「私の思う赤」は同じ色なのでしょうか？

「同じリンゴの赤なのだから、二人の思う赤は同じ色だ」たぶん、誰しもがそう思うでしょう。しかし、リンゴは二人にとって同じ色に見えているのでしょうか？　もしかしたら、リンゴは私にとってはあなたの言う青色に見えているかもしれません。「あなたの赤」と「私の赤」が同じ色だということは証明できるのでしょうか？

「交通信号の止まれの色が赤だ。あなたも私もそう思っているから、二人が思う赤色は同じ色だ」などというのは何の証明にもなりません。私が色弱だったとしましょう。

するとと私にはあなたの思う赤や青の色の識別は難しいでしょう。しかし、日常生活に不自由はありません。リンゴとミカンは形で識別できます。そしてリンゴの形をした物体の色は赤でミカンの形をした物体の色は黄色だと覚えれば良いだけです。

色彩の錯覚

あなたにとって赤く見えるリンゴは、私にとっては「あなたの青」に見えているのかもしれません。そして、あなたにとっての青を私は「赤」と呼んでいるのかもしれません。あなたにとって「青空の下の赤いリンゴ」にみえる景色はわたしにとっては「赤空の下の青いりんご」に見ているのかもしれません。色彩というものはその程度の普遍性しか持っていないのです。

同じ色に見えていると信じているのはただの「思い込み」、錯覚にすぎないのかもしれません。

SECTION 14

ネオンサインの赤とバラの赤

緑の葉に囲まれて燃えるような赤い色をしているのは紅バラです。お酒の香る街で赤く輝くのはネオンサインです。バラもネオンサインもおなじ赤色です。しかし、この二色は同じ赤色なのでしょうか？

ネオンサインが赤く輝くのはなぜでしょう？

ネオンサインの発光管の中にはネオンという原子の気体が入っています。この発光管に電極を付けて電気スパークを飛ばすと、ネオン原子はその電気エネルギーΔEを吸収して高エネルギー状態になります。

しかし、この高エネルギー状態は不安定です。ネオン原子は今吸収した電気エネルギーΔEを同じ大きさの光エネルギーΔEに変えて放出します。この光の波長が赤い光の波長に一致したのです。ですからネオンサインは赤く輝くのです。

バラが赤いのはなぜでしょう?

ネオンサインと違ってバラは光を出しません。その証拠に、真っ暗闇の中ではバラは赤いどころでなく、どこにあるのかもわかりません。

それではなぜバラは赤く見えるのでしょう? バラが赤い光を出しているわけでないのはもう明らかです。バラが赤く見えるのは赤い光を反射しているからです。でも、光を反射しているのは葉っぱも同じです。それなのに、バラだけが赤く見え、葉っぱは緑に見えるのはなぜでしょう? それはバラは赤い光を反射し、葉っぱは緑の光を反射するからです。

これだけでは答えになっていませんので、バラが赤い光を反射する理由を説明しましょう。

光の吸収

太陽光には虹の七色に相当する七色の光が含まれています。七色の光が混じると無色（白色）の光になるのです。物質（分子）に白色光が当たると、物質は固有の色（波長）の光だけを吸収します。バラの花は緑の光を吸収し、葉っぱは赤い光を吸収します。したがって、反射する光は白色光からそれぞれが吸収した光を除いた残りの光ということになります。

バラの花は「白色光－緑色光＝赤色光」、葉っぱは「白色光－赤色光＝緑色光」となり、バラの花は赤、葉っぱは緑に見えるのです。このような関係にある時、「緑は赤の補色」、同様に「緑は赤の補色」といいます。つまり、「白色光（太陽光）からある色の光を除いた場合、残りの光は除かれた光の色の補色に見える」という原則があります。

●光の吸収

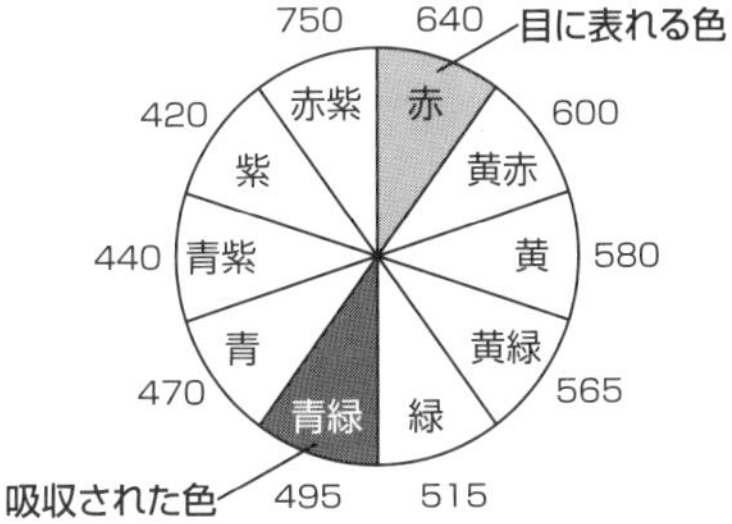

■ネオンサインの「赤」とバラの「赤」は同じですか?

私が聞きたいのは、同じように赤い色という、ネオンサインの赤とバラの赤は同じ色なのかということです。

先ほどの式、「白色光−緑色光＝赤色光」は宇宙のすべてに通用する式なのかということです。この式はネコや蝶にも通用するのでしょうか？　もしかしたら人間にしか通用しない式なのではないでしょうか？

ネコや蝶は紅バラやその葉っぱを、人間とは全く異なった色として見ているのかもしれません。人間が紅バラを赤く、葉っぱを緑色に見ているのは全くの錯覚にすぎないのかもしれません。

SECTION 15

純色と混色

絵具の三原色は赤、青、黄です。この三色を適当に混ぜればどのような色をも作ることができます。絵具は多くの色を混ぜれば混ぜるほど色が暗くなるので、絵具の混合を減算混合といいます。

光の混合

光にも三原色があります。光の三原色は赤、緑、青です。それぞれの色の光の波長は赤（約７００㎚（nm＝10^{-9}m））、緑（約５３０㎚）、青（約４５０㎚）です。この三色を混ぜればどのような色の光も作ることができます。しかし、光の場合には多くの光を混ぜれば混ぜるほど色が明るくなるので加算混合といいます。三色全部を混ぜれば太陽光と同じ白色光になります。

カラーテレビなどの、光を使ったカラーモニターはこの原理を使っています。図は光の三原色と、それを混ぜるとどのような色の光になるかを示したものです。赤と緑を混ぜると黄色になることがわかります。黄色の光の波長は約５８０㎚です。

単色光と混色光の錯覚

ここで不思議なことに気づきます。各色を持つ光は2種類ずつあるということです。

黄色で考えてみましょう。波長５８０㎚の光なら、それ（単色光）だけで黄色く見えます。しかし、赤と緑の光、つまり波長７００㎚の光（単色光）と波長５３０㎚の光

●光の三原色

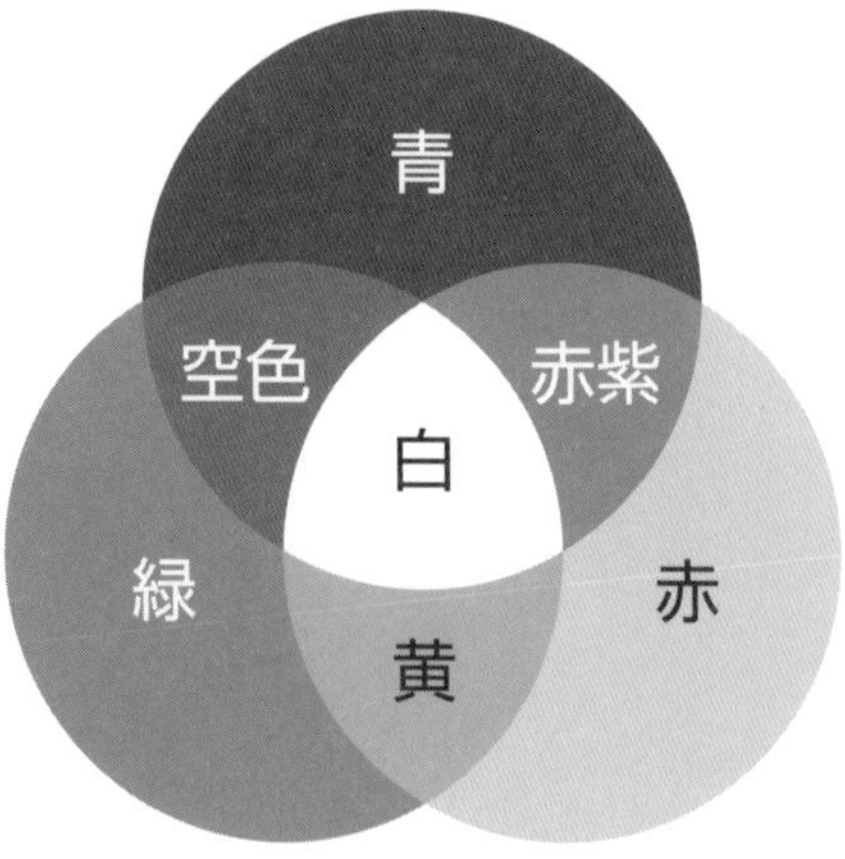

（単色光）を混ぜた光（混色光）も黄色く見えるのです。実験によれば、この二種の黄色光は人間には区別がつかないことがわかっています。

それでは人間以外の動物ではどうなのでしょう？　実験例は多くありませんが、少なくともアカゲザルの場合には、人間と同じく、両方の色を区別することはできないようです。

もしかしたら、ネコや蝶はこの「二種の黄色の光」つまり、単色光の黄色と混色光の黄色を区別しているかもしれません。その場合、人間は両方を同じ色と「錯覚」していることになります。

毎日毎日、世界中で何億人もの人々がパソコンやスマホの錯覚の画面を眺めて寛ぐ、あるいは眉をひそめているのです。不思議な光景ではないでしょうか？

SECTION 16

タマムシの色

CDやDVDの表面を見てみましょう。銀色の板のはずなのですが、表面に虹色が見えます。これはなぜでしょう？

構造色

このような色のことを構造色（干渉色）といいます。構造色は自然界の多くの場面に現れています。見たら誰もが感動するタマムシの羽根の色は典型です。真珠の表面に現れる虹色、ブラックオパールの燃え盛る炎のような遊色《ゆうしょく》、熱帯魚のコバルトスズメの海の色より深い青、サンマやタチウオの日本刀のような銀色に輝く体の色はよく知られている例です。

光の粒子性と波動性

光は光子の集合体ですが、光子は粒子としての性質と波としての性質を合わせ持っています。コウモリが鳥類としての空を飛ぶ性質と、哺乳類としての赤ちゃんを産んで母乳で育てる性質を合わせ持っているのと同じことです。

構造色は、例えばCDやDVDに刻まれた細い溝に光が反射し、その何万本もの反射光の波の山と山、谷と谷、山と谷などが複雑に重なった結果現われた幻の色なのです。つまり、構造色は光子が波の性質を持っていることの証明ともいえる現象なのです。

●構造色

構造色は存在しない色

普通の色は先ほどバラの色で見たように、分子の光吸収と反射によって起こります。しかし、構造色の場合には、その色を1個の分子で説明することはできません。何億個もの分子が集団となって作りあげた物質の形、構造によって作られた幻の色なのです。

構造色を調べようとして、構造色を持つ物質を細分化したら、いつの間にか構造色は姿を消しています。このように構造色は実態の持つ色彩、色とは言えないものです。

「実体は無いのに感覚器官には現れる」これは錯覚なのではないでしょうか？　光と色彩の世界には錯覚に基づく現象がたくさんあります。

SECTION 17

虹はどこにある？

雨上がりの虹は美しいものです。大きな円弧に沿って、外側（上）から順に赤、橙、黄、緑、青、藍、紫と、虹の七色が整然と並びます。

虹に七色がある原理

虹が現れるのは光の屈折と反射です。太陽を背にして、雨上がりの空に向かうと、背後から来た光が前方の雨粒に侵入し、雨粒の壁に反射して私たちの目に飛び込みます。

光が雨粒に飛び込む時には、光の進行速度は空気中と水中とで違うところから、光の進路は曲がります。曲がる角度（屈折率）は光の波長によって異なり、波長の短い光（紫の光）が大きく、波長の長い光（赤い光）が小さいです。従って雨粒に飛び込んで、反射して出てくる光の軌跡は図Aのようになります。つまり、上から順に赤、燈、黄、緑、青、藍、紫の順に並んでいます。

虹が七色しかない原理

図Bは、空の上方にある雨粒に反射した光と、下方にある雨粒に反射した光の軌跡と、それが私たち観察者の目に飛び込む様子を現したものです。上方の雨粒に反射して出てきた七色の

●光の軌跡（図A）

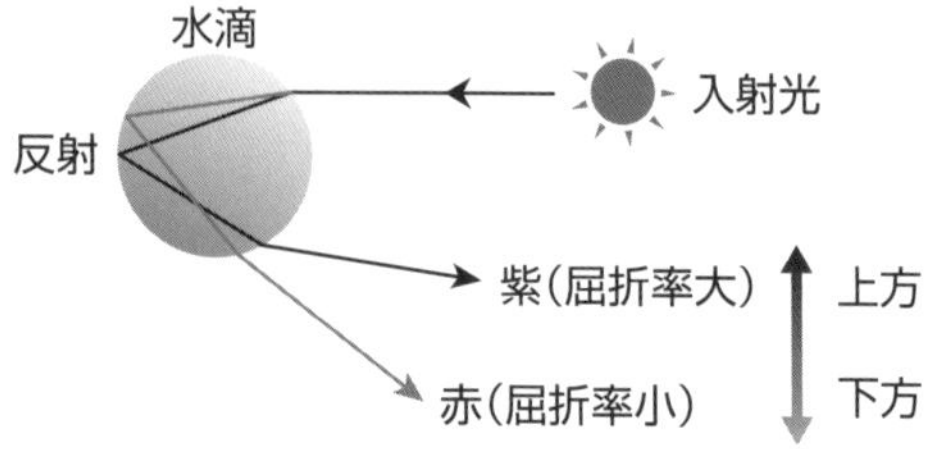

●雨粒に反射した光の軌跡（図B）

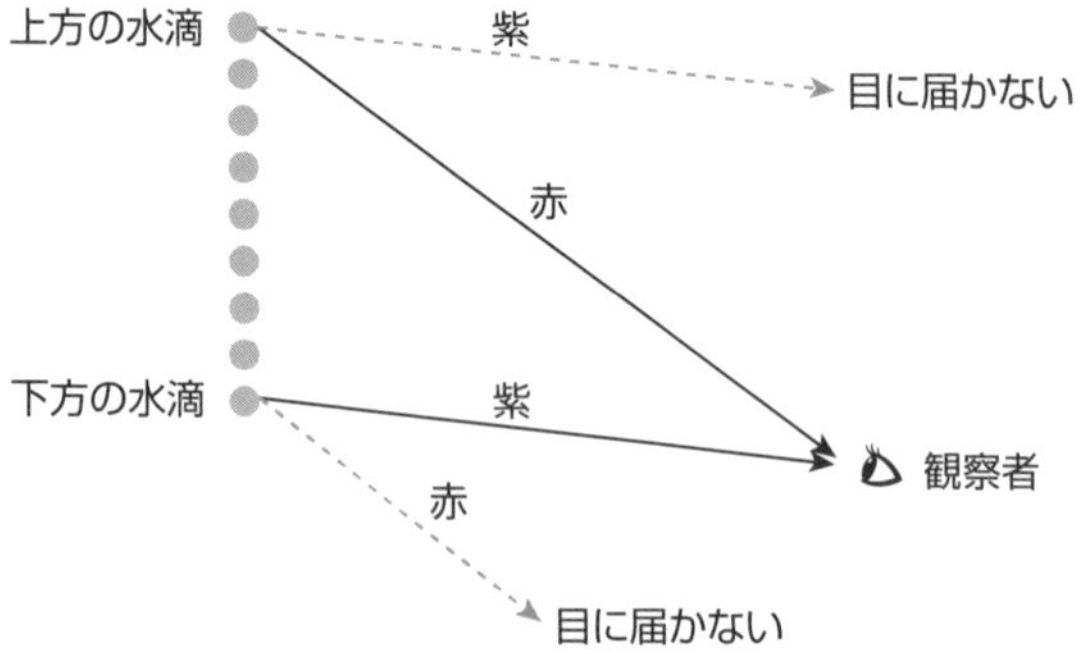

光のうち、下方にいる私たちの目に届く光は下向きに出た赤い光だけです。同様に下方の雨粒から出た光で私たちの目に届くのは上向きに出た紫の光だけです。

このようなことで、虹は赤、橙、黄、緑、青、藍、紫のひとくくりになっているのです。

虹の形が半円形の原理

太陽の光が雨粒に全反射して、私たちの目に届くためには、反射光の角度が入射光に対して一定の角度になる必要があります。この角度は赤で42度、紫で40度です。つまり虹は私たちの目を中心にして一定の角度でだけ現れるのです。

これが虹の形が円形である理由です。ただし、下半分は地球に隠されるので半円形になるのです。

●虹が円形の原理

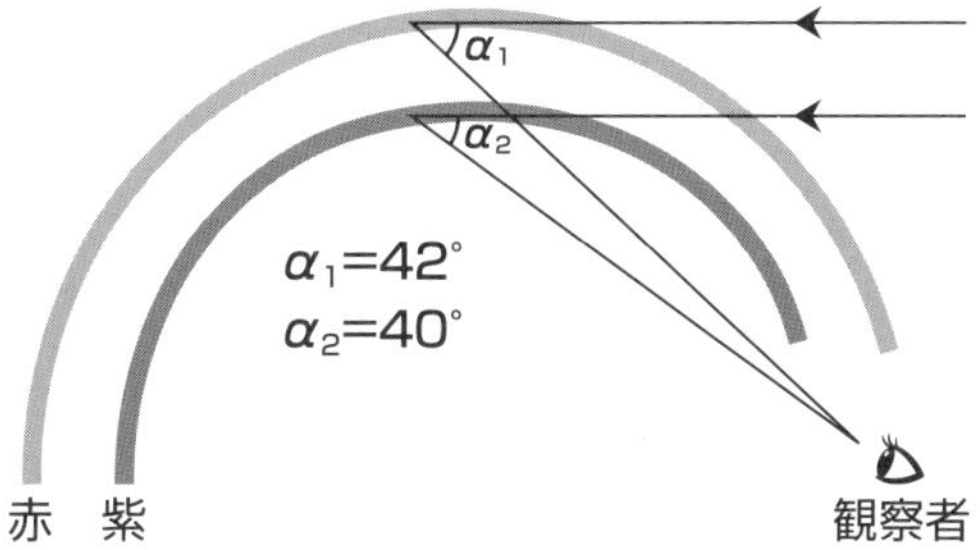

虹はどこにある？

虹は私たちの前上方40度ほどの角度に現れます。したがって虹のありそうな所へ車を飛ばしても、虹は常に前上方40度の所にあり、距離が縮まることはありません。やがて、雨粒のある範囲を通り越しますが、そうなったら当然、虹は消えてしまいます。このような虹は何と言ったらいいのでしょう？　ちゃんと見えて写真にもとれるのですから、幻ではないでしょうし、錯覚というのも変です。光は本当に不思議な現象です。

光に魅せられた人はたくさんいます。印象派といわれる画家たちはその一派でしょう。科学者のニュートンがその一人というのはわかるとしても、文豪のゲーテもその一人と言ったら意外に思うのではないでしょうか？

ゲーテは光に関心をよせ、記述も残しています。ニュートンが光の粒子性を研究したのに対して、ゲーテは光の波動性に興味を持ち、構造色を研究しました。ドイツの深い森の中に、紫の霧を縫って差し込む光の筋道。チンダル現象と言ってしまえばそれまでですが、神秘的な光景です。その深い森の中に、紫のマントと帽子をかぶったゲーテが佇むなどという様子は、幻や錯覚で結構ですから1度は見てみたいものです。

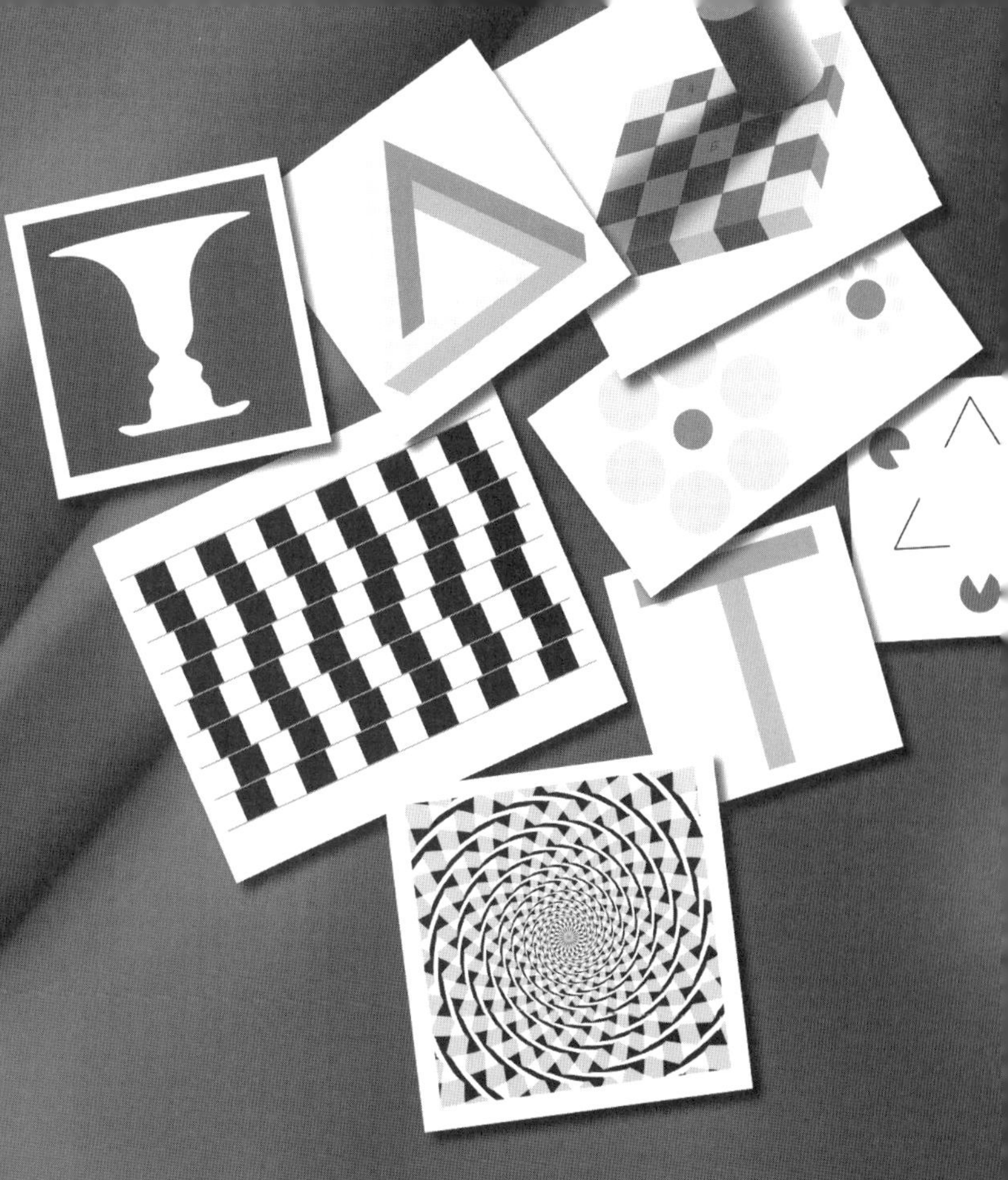

Chapter. 4
だまし絵の錯覚

SECTION 18

長短関係の錯覚

だまし絵はクイズなどで人気があるだけではありません。絵画の技法として多くの芸術絵画、あるいはコマーシャル絵画などで利用、応用されています。それだけに昔から多くの研究例があります。そのために錯覚させる量でまとめてみました。量というのは図形の長さ、面積、角度などです。まず、長さを錯覚させる例からみてみましょう。

ミュラー・リヤー錯視

ミュラー・リヤー錯視はミュラー・リヤーが1889年に発表した錯視です。線分の両端に内向きの矢羽を付けたもの(上段)と外向きの矢羽を付けたもの(中段)の長さを比べると、上段が短く、中段は長く感じますが、実際は3本とも同じ長さです。

●ミュラー・リヤー錯視

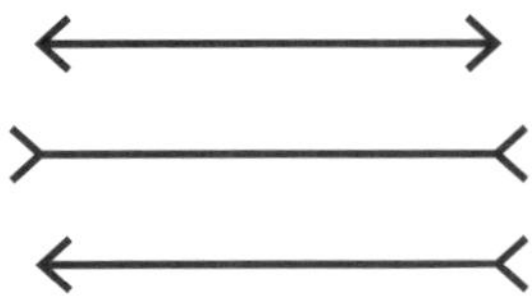

ポンゾ錯視

二つに交わる線分の間に平行線を入れると、上の平行線が長く見えます。錯視の度合いは強くはありませんが、一般によく知られる錯視の一つです。

フィック錯視

フィックによって1851年に示され錯視で、同じ長さの図形は縦にしたものが横にしたものより長く感じるという錯視です。「A」の長方形と「B」の長方形は同じですが、図形Bの方が長く見えます。また、図形Aの方が太く見えます。これは一般に、水平な横線より垂直な縦線の方

●ポンゾ錯視

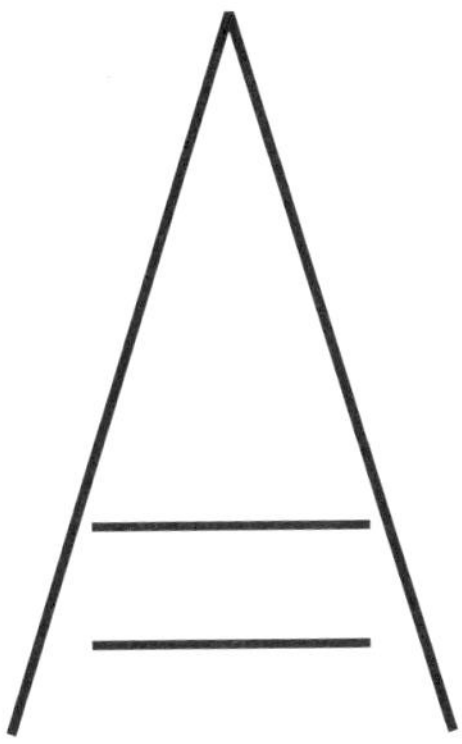

●フィック錯視

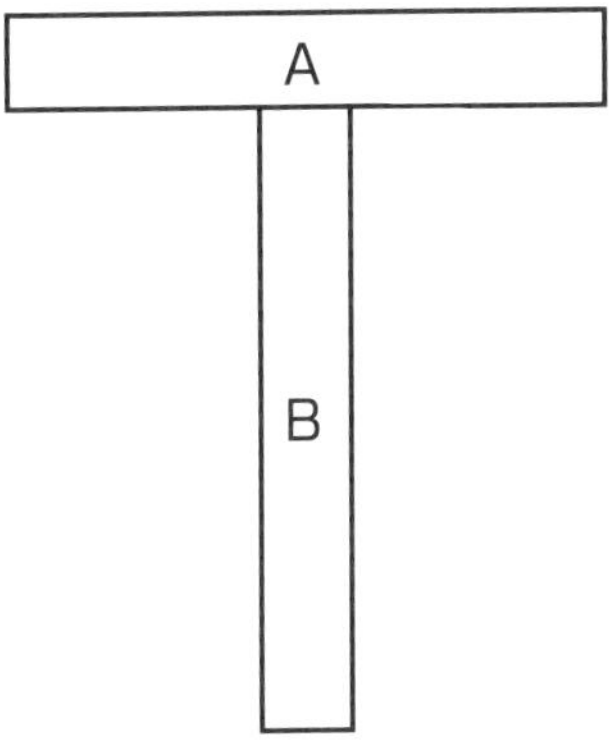

が長く認識するために起こるとされていますが、この図形を90度傾けても図形Bの方が長く見えるため、詳しいメカニズムはまだ解明されていません。

オッペル・クント錯視

等間隔に3本の平行線を引き、それぞれA、B、Cとします。AとBの間には何本もの平行線を引き、BとCの間には何も引きません。もちろん、図の線分ABと線分BCの距離は同じのですが、AとBの間隔の方が広く見えます。

ザンダー錯視

ザンダー錯視あるいはザンダーの平行四辺形と呼ばれる錯視です。左側の大きな平行四辺形の対角線は、右側の小さな

●オッペル・クント錯視

平行四辺形の対角線よりも、長く見えます。しかし、実際には同じ長さです。

この錯視の説明のひとつは、対角線の周りの線が奥行きの印象を生じるので、対角線を奥行きのなかでとらえると、長さが違うように知覚されるというものです。

●ザンダー錯視

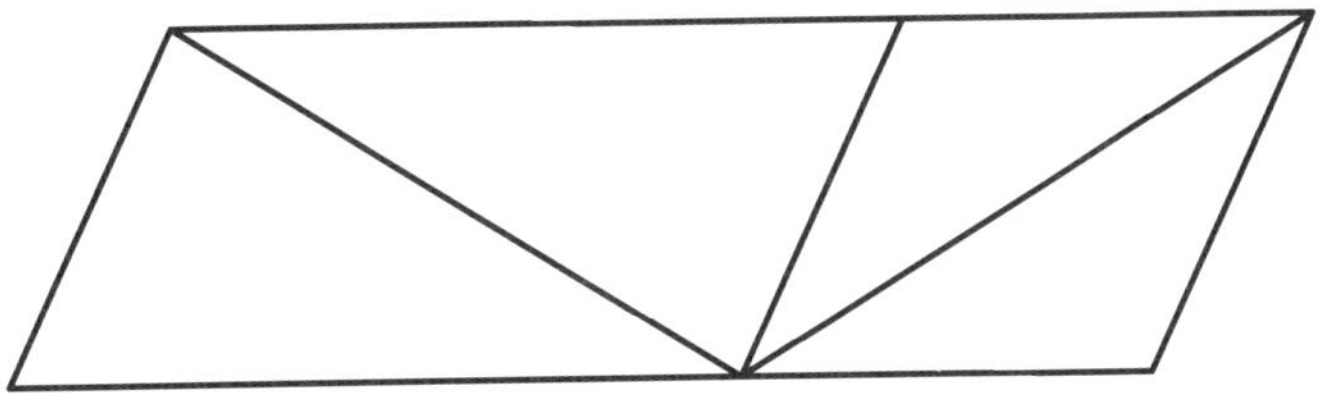

SECTION 19

大小関係の錯覚

面積の大小関係に関する錯視です。

デルブーフ錯視

2つ合同な円を描き、片方には外に大きな同心円、もう片方には外に小さな同心円を描くと、元の円の大きさが異なって見える錯視です。大きさが極端なほど錯視も顕著になります。応用として、図形の中から別の図形をくりぬくと、くりぬいた部分に大小関係の錯視が生じます。円以外に、他の図形(正多角形など)でも発生します。

●デルブーフ錯視

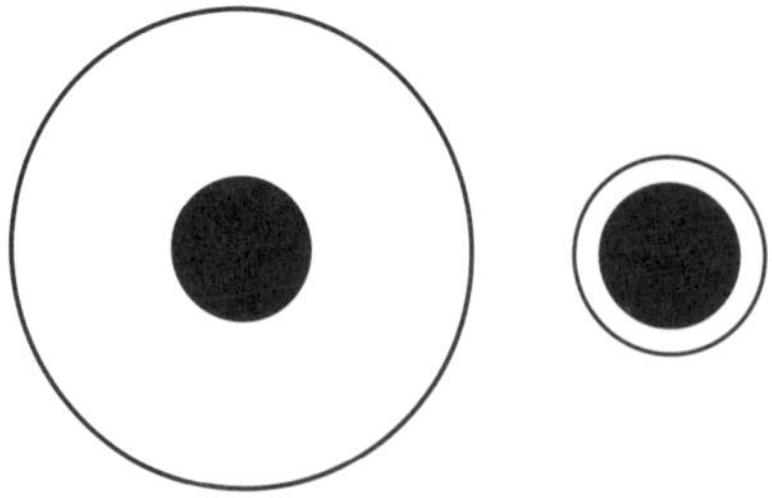

エビングハウス錯視

同じ大きさの図形でも、大きいものの周りに置かれると小さく、小さいものの周りに置かれると大きく見える錯視です。円形、球体の場合に最も大きな効果が現れます。エビングハウスは他の錯視も発表しているため、この錯視はエビングハウスの「大きさ錯視」ともいわれます。

ジャストロー錯視

図において2つの扇形の面積を比べると、内側、すなわち下の扇形の方が大きく見えます。また、その応用で台形を上下に並べると上の台形が大きく見えます。

●エビングハウス錯視

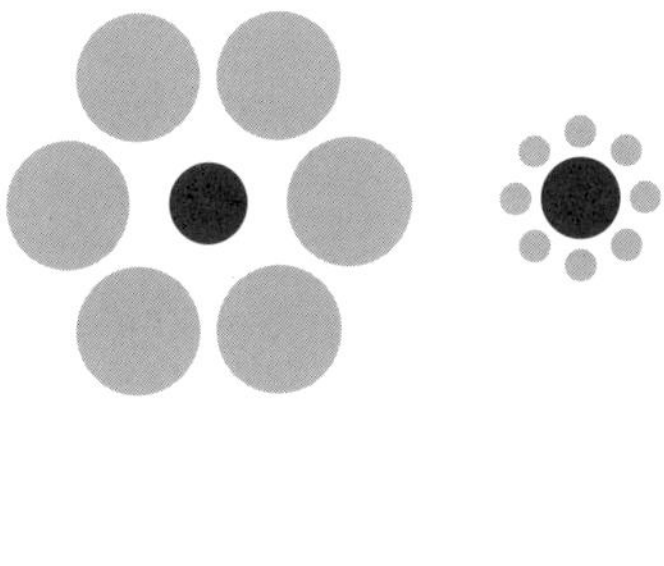

●ジャストロー錯視

SECTION 20

角度関係の錯覚

線分が斜めに傾いたり、平行な2本の線が平行に見えなかったりする錯視です。

ツェルナー錯視

ドイツの物理学者ツェルナーが1860年に報告した錯視図形です。太い線分がそれぞれ少し傾いて見えます。太い線と細い線の角度が10度〜30度の時に、錯視効果が最も強くなります。「角度の過大視」と呼ばれる現象で、太い線と細い線のなす角度が、実際よりも少し大きく見える錯視効果があります。

●ツェルナー錯視

ポッゲンドルフ錯視

斜線を描き、その間の形跡を別の図形で隠すと、その直線の始まりと終わりがずれて見える錯視です。図ではAとつながっているのは、一見それらしく見えるBではなく、Cです。

フレイザー錯視

図で、渦巻き状の図形を指でなぞってみると、実際は同心円であることがわかります。フレイザー錯視は、イギリスの心理学者ジェームス・フレイザーが1908年に発表した錯視です。中央を共有する複数の円の上に傾き錯視が現れるようにすることで得られ、同心円が渦巻きのように見えるようになります。

●ポッゲンドルフ錯視

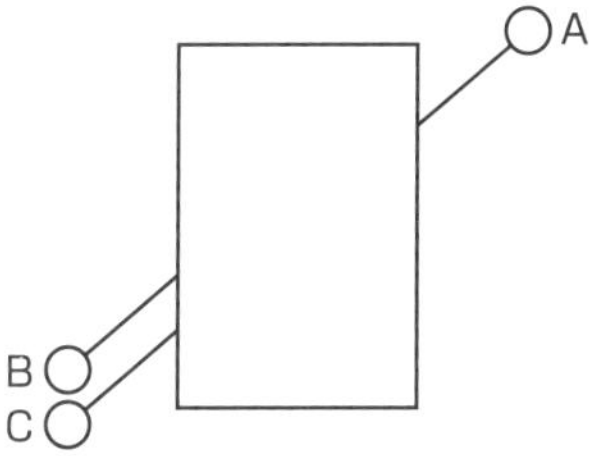

●フレイザー錯視

■カフェウォール錯視

水平の線が右または左に傾いて見える錯視です。1908年に報告されました。平行線の両側に等間隔に同じ色の正方形を描きます（上下互い違いになるようにする）。すると、平行なはずの線分が歪んで見えます。カフェウォール錯視は、その線分が灰色になったもので、より屈折度が高まります。

●カフェウォール錯視

SECTION 21

明暗関係の錯覚

図における明るい部分と暗い部分の対比によって起こる錯視です。

カニッツァの三角形

描いてないはずの三角形が浮かび上がる錯視です。目の残像現象による錯視です。

明るさの対比

図において、黒円の中にあ

●カニッツァの三角形

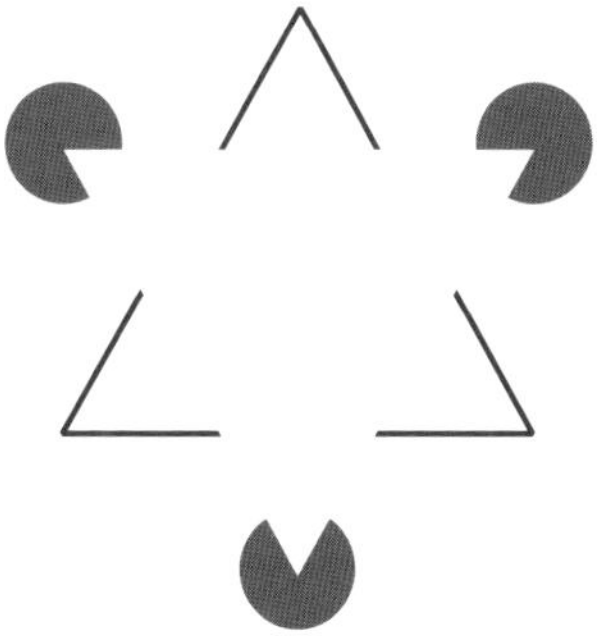

●明るさの対比

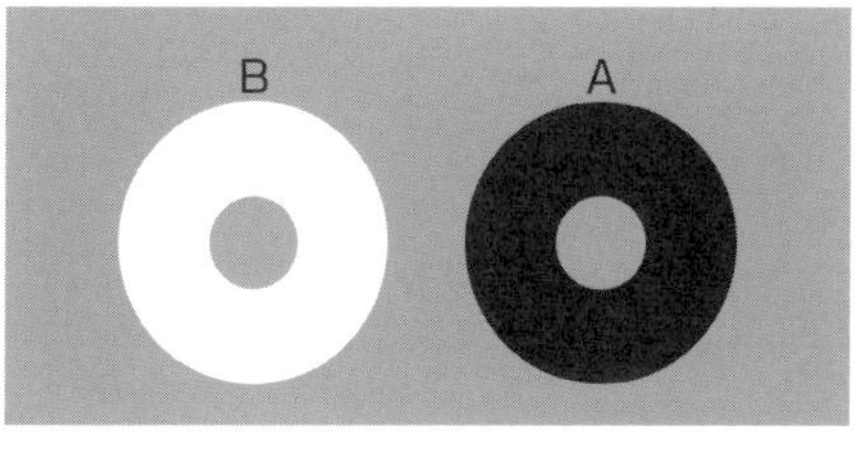

る灰色のほうが、白円の中の灰色より明るく見えます。つまり、Aの見かけの明るさが、周囲の明るさ（すなわち黒）とは反対の方向に変化しているのです。その結果として、AとBとのあいだの明暗のコントラストが、実際よりも高まっているのです。

グレア錯視

グラデーションで囲まれた白色領域は、一様な灰色で囲まれた白色領域よりも明るく輝いて感じられます。しかし実際には二つの白色領域は同じ輝度です。見た目の明るさ感が異なって感じられるのは周辺部のグラデーションによって引き起こされた錯視現象です。これはグレア錯視と呼ばれ、古くはルネサンスの時代から画家の技法として用いられており、現在ではコンピューターグラフィックスで光源や光沢を表現するためにも広く用いられています。

●グレア錯視

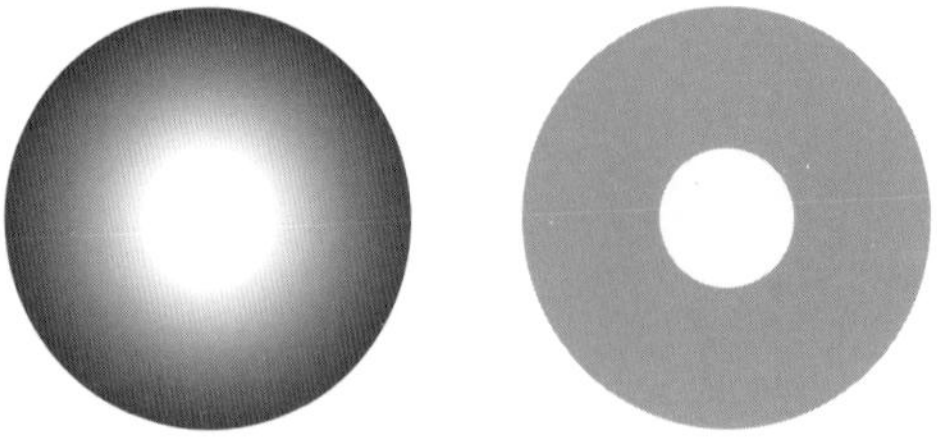

ホワイト錯視

輝度の等しい2領域が、周辺の領域によって異なる明るさの知覚を生じる錯視です。灰色の長方形は全て同じ輝度ですが、暗い縞模様のなかにあるものはより明るく、明るい縞模様のなかにあるものはより暗く見えます。この効果は、同時対比に基づく単純な生理学的説明から予測されるのとは、逆の効果です(この場合、長辺を暗い縞と共有している長方形は明るく見えなければなりません)。

この錯視の原因としては、いくつか考えられます。一つは、「同化」の過程が働いているということです。つまり、灰色のパターンの上に乗っている明るさの方に、灰色の見かけの明るさが引きずられるということです。もう一つは、格子模様が灰色パターンと異なる

●ホワイト錯視

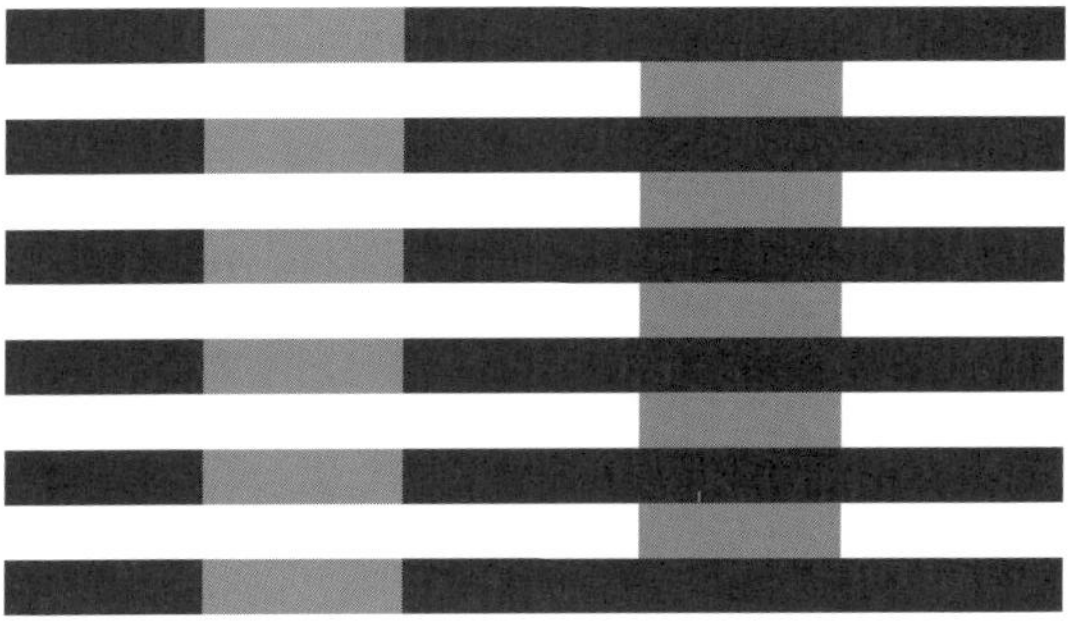

奥行きにあると視覚システムが解釈し、その結果として、同じ奥行きにある背景と対比効果が生じているということです。

チェッカーシャドウ錯視

ＡとＢの四角の明るさを比べてみてください。ずいぶん違って見えますが、実際には四角の明るさは全く同じです。疑う人は、切り取って比較してみてください。同じ明るさであることに納得されるでしょう。

この錯覚は、影の効果が明るさの対比効果を強めています。明るく見える四角の近くには、必ずぼやけた影が描かれています。脳が円筒の影を意識しているせいで錯覚するのですが、円筒を手で隠しても錯覚が残るので不思議です。

●チェッカーシャドウ錯視

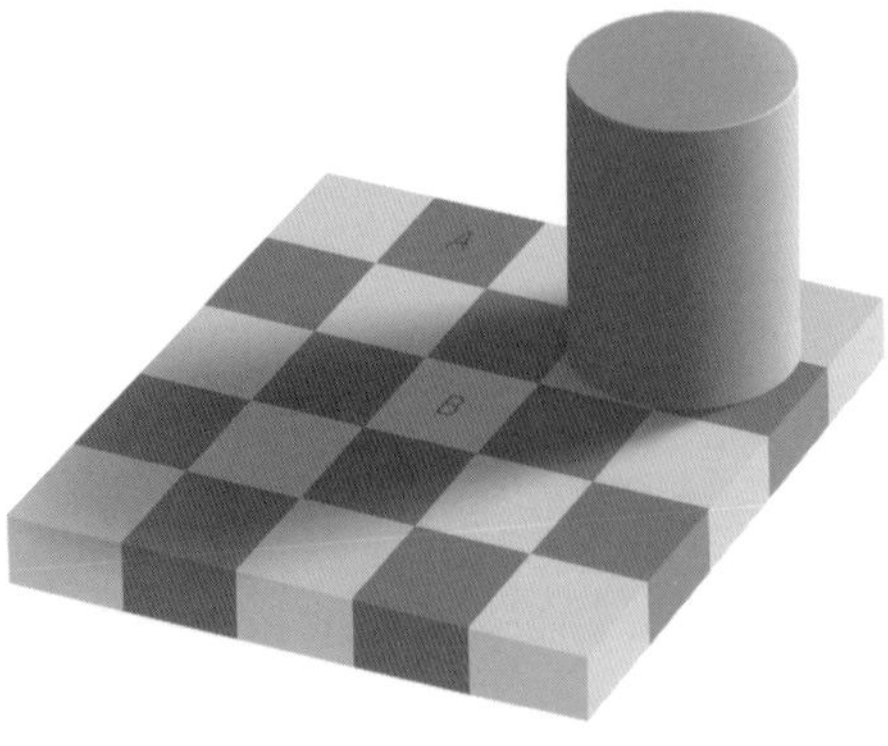

SECTION 22

立体関係の錯覚

不可能図形または不可能物体は一種の錯視であり、視覚によって3次元の投影図として解釈されるような2次元の図形ですが、実際にはそのような3次元物体は実在不可能です。

不可能物体

多くの場合、不可能物体の図を目にして数秒後にはそれが不可能だということがわかります。しかし矛盾すると気づいた後も、3次元物体としての最初の印象が持続します。中にはすぐには不可能物体だと気づかれない巧

●不可能物体

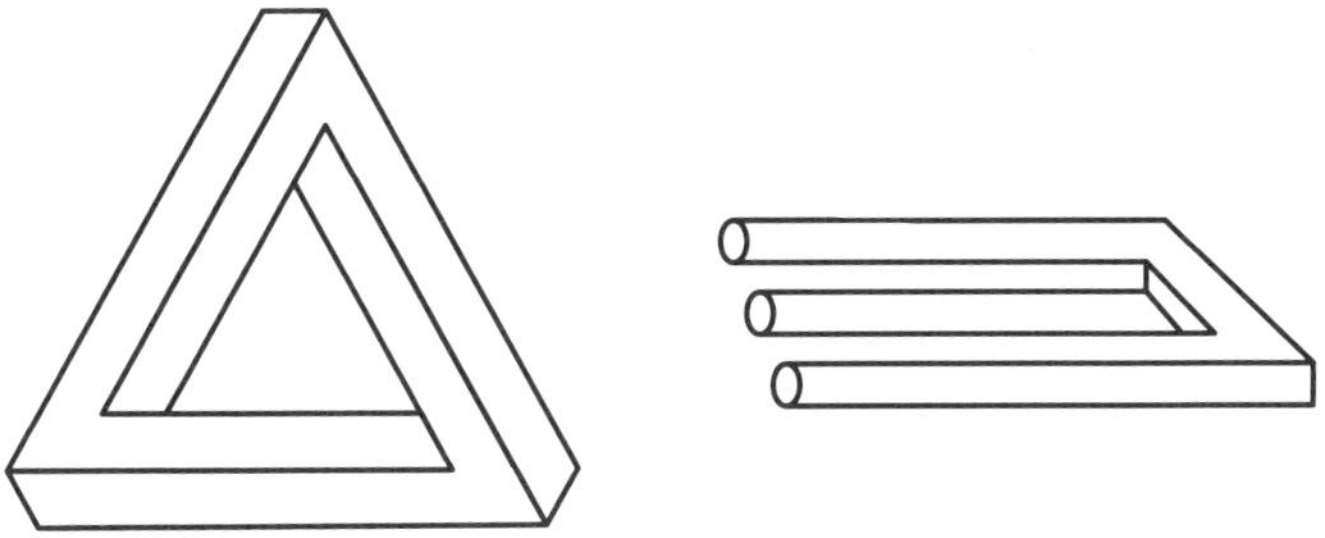

妙な例もあり、その場合は描かれているものをよく精査しないと不可能かどうかが判明しないこともあります。

ペンローズの階段

90度ずつ折れ曲がって、永遠に上り続けても高いところに行けない階段を二次元で描いたものです。三次元で実現するのは不可能で、歪みの錯覚を利用した二次元でのみ表現できるものです。だまし絵で有名な画家マウリッツ・エッシャー（オランダの画家、1898〜1972）のリトグラフ「上昇と下降」の中では、僧院の階段を何人かの修道士が上っている図として描かれています。

●ペンローズの階段

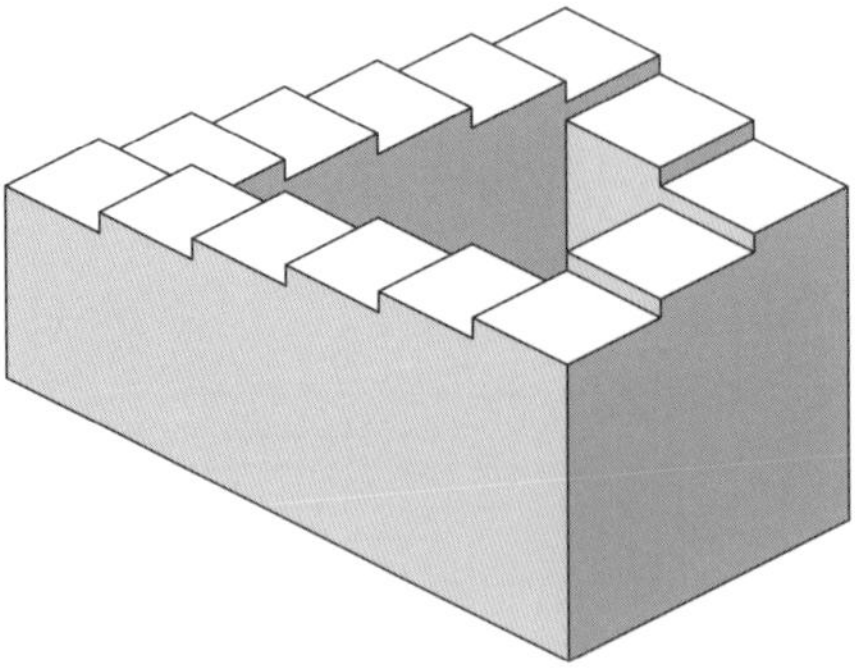

SECTION 23

だまし絵

だまし絵は視覚的の面白さで人気があり、昔から絵画の技法として多くの芸術分野などで応用されています。

非難からの逃走

ペレ・ボレル・デル・カソ作の「非難からの逃走（1874年）」という作品です。少年が額縁に手と足をかけて、絵画の世界から逃げようとしている様子を描いています。

絵の表題からして、画家は余程評論

●非難からの逃走

から逃げたかったのではないでしょうか。これをみたら、批判しようなどという気はなくなるのではないでしょうか。

トンネルの終点

実際にこんな場所にこんな絵が描いてあったら大変な事故が連発することになるのではないでしょうか?

これはトンネルの終点の壁にその先にも続きがあるような絵が描いてあったらどうだろうという問いかけで描かれた絵画です。知らない人は、そのままこの絵の中に(この壁)に突っ込んでしまいそうです。

●トンネルの終点

宮廷の豪華な天井

ベルサイユ宮殿も裸足で逃げ出しそうなほど豪華な宮殿です。全体が金色まばゆい彫刻と天井画で飾られています。天井の中央には一段と高い円形の天蓋ドームが設けられ、一段と豪華さを盛り立てています。

しかしこのドームをよく注意して見てください。どうも建築物ではないようです。これは建築物ではなく、天井画です。つまり絵なのです。もしかしたら、宮殿建築の途中に予算が底を尽き、仕方なしに「絵でごまかそう」ということにでもなったのでしょうか?

●天井画

果物の肖像画

だまし絵で有名なイタリアの画家ジュゼッペ・アルチンボルド（1526〜1593）の絵画です。たくさんの種類の果実と花を使って肖像画を仕上げています。悪く言えばゲテモノのような絵ですが、技術が卓越しているために名画として残っています。マニエリスムという絵画時代を代表する画家です。

●ウェルトゥムヌスに扮するルドルフ2世

SECTION 24

日本のだまし絵

だまし絵の伝統は日本の絵画にも使用された作品があります。

上下絵

上下ひっくり返しても顔になるという面白い逆さ絵です。江戸時代後期の日本にあった絵画のジャンルの一つです。男性の顔がひっくり返したら女性の顔になるとか、もうひとひねり欲しいような絵画です。

●歌川国芳「両面相 だるま げどふ とくさかり 伊久」

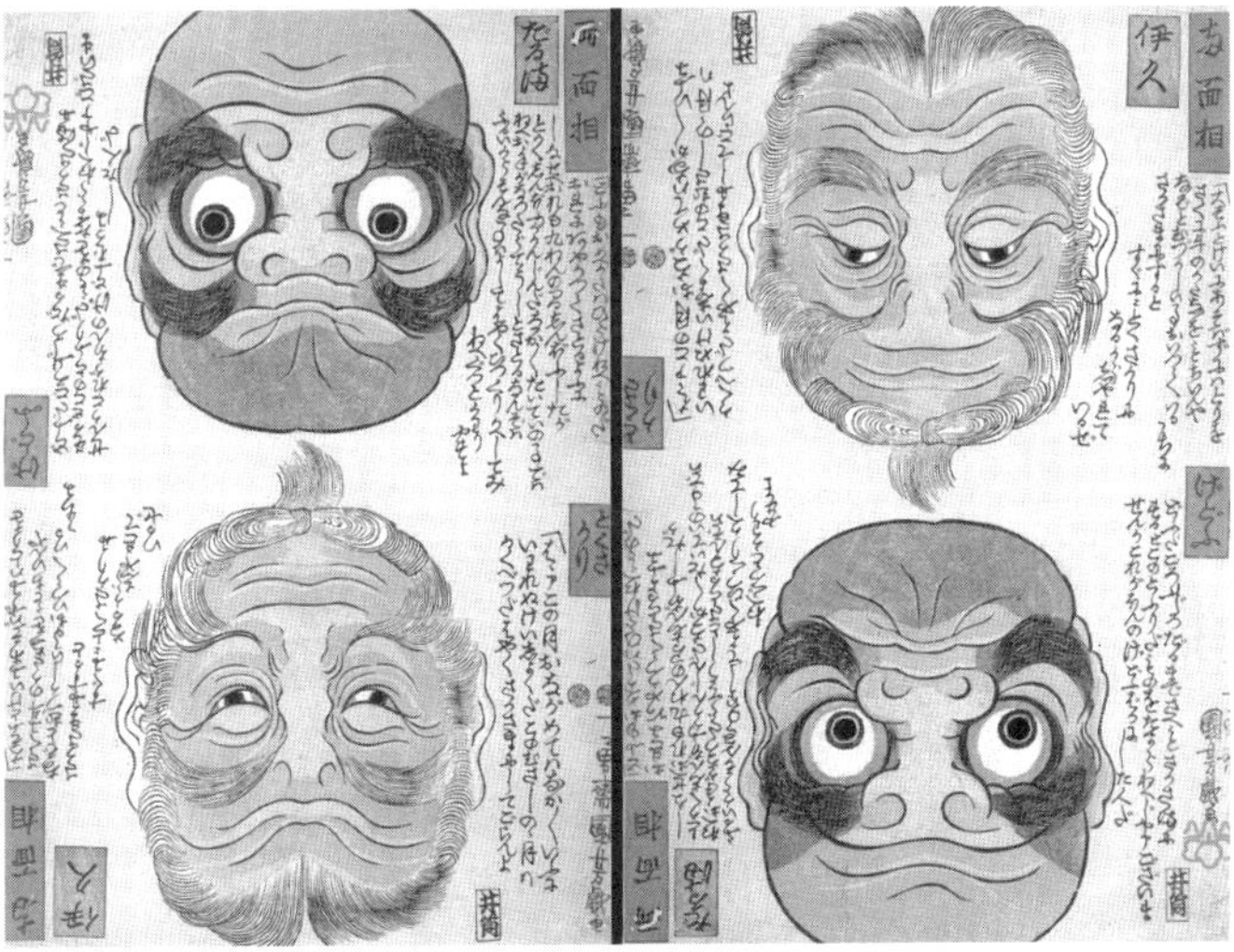

■寄せ絵

浮世絵に「寄せ絵」と呼ばれるジャンルの絵があります。人や動物を使って人間の顔などを描いたりする技法で、「遊び絵」や「はめ絵」ということもあります。

●歌川国芳「みかけハこハゐがとんだいゝ人だ」

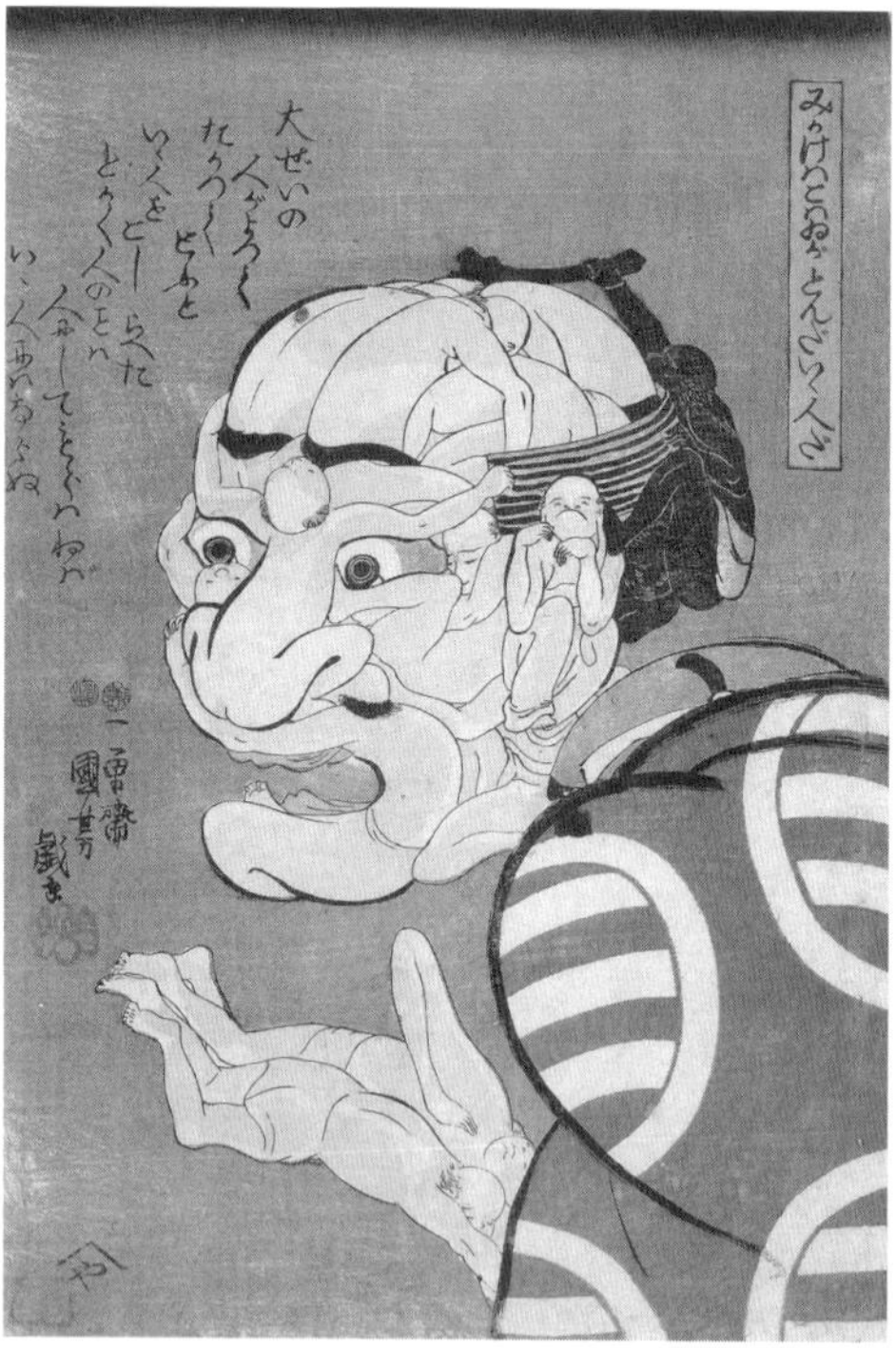

SECTION 25

多義図形

多義図形（反転図形）とは、一つの絵なのに、複数の見え方が存在する図形のことをいいます。反転には、図《ず》と地《じ》の反転、意味の反転、遠近の反転などがあります。錯視の一種とされることもあります。

遠近の反転

① マッハの本

遠近感が不明のため、本が手前に折れているのか、奥に折れているのかがわかりません。本が手前に折れている場合は、カバー（表紙）が見えており、読む人が奥にいることになります。本が奥に折れている場合は、中身（文章）が

●マッハの本

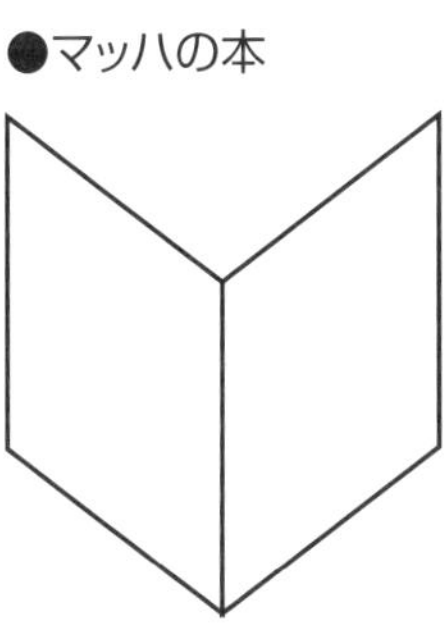

見えており、読む人が手前にいることになります。

②ネッカーの立方体

前面の線と後面の線がどちらも見えているため、どちらが前かわかりません。そのため、点線のような2つの見方ができるようになります。

③シュレーダーの階段

A面が手前、B面が奥だとすると、右下から左上に上がる階段のように見えます。反対にA面が奥、B面が手前だとすると、階段が天井に逆さまについているかのように見えます。

●シュレーダーの階段

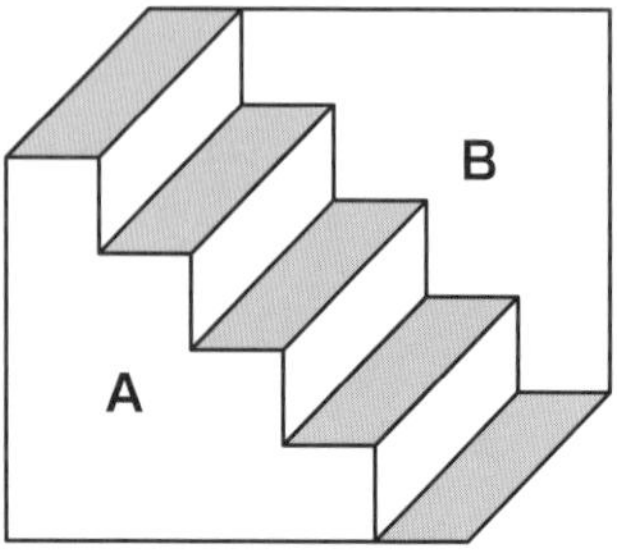

●ネッカーの立方体

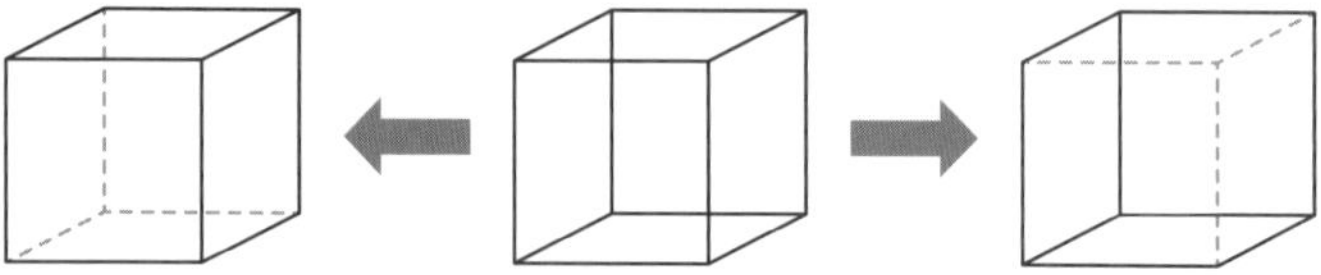

図と地の反転

① ルビンの壺(ルビンの盃・ルビンの杯)

壺(盃)と人の横顔の二通りに見える有名な図形です。白い部分に注目すると、中央に壺(盃)が浮かび上がり、黒い部分に注目すると、左右から向かい合う2人の横顔が浮かび上がります。

② ナショナル・リーダー・ツリーの隠し絵

当時の10人の国家指導者(ナショナル・リーダー)を描いた隠し絵です。

③ ドクロの隠し絵

丸い鏡や門の下にある二人の頭が、ドクロの両目のように見えます。

●ルビンの壺

●ツリーの隠し絵

④ 妻と義母（娘と老婆）のだまし絵

若い女性（娘）と年老いた女性（老婆）の二通りに見える絵画です。若い女性は、左奥を見ており、左耳が老婆の左目に当たります。年老いた女性は、左方向を見ており、口が娘の首飾りに当たります。

●ドクロの隠し絵

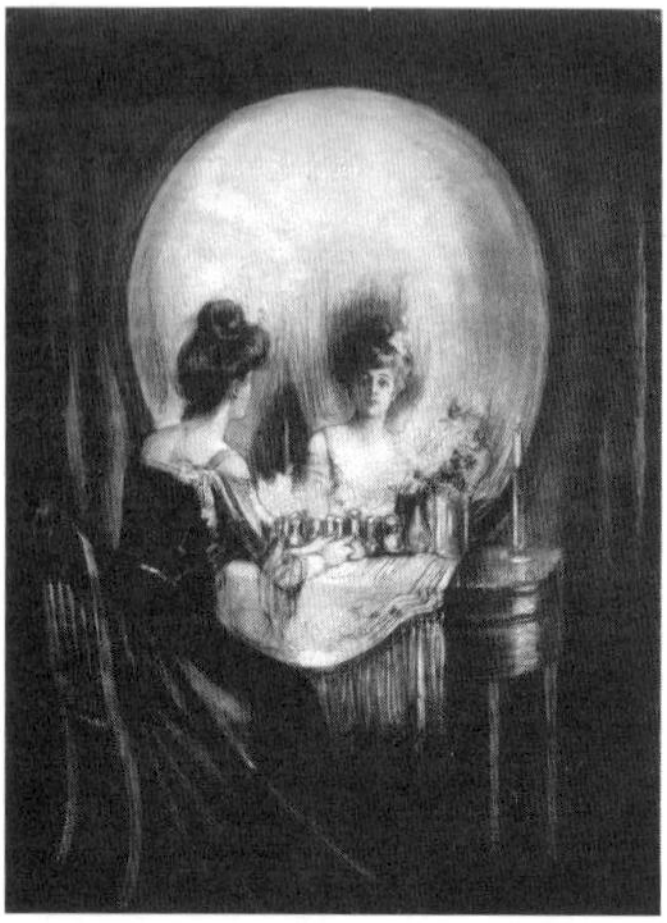

●妻と義母のだまし絵

Chapter. 5
味覚の錯覚

SECTION 26

味覚地図

昔、欧米では味には基本となる４種の味、塩味、甘味、酸味、苦味があり、それを感じるセンサーとして舌があると考えていました。

舌には味蕾《みらい》という細胞があり、ここで４種の味を感知します。味蕾はそれぞれ４種の基本味のうちの1種だけを感じます。それぞれの味蕾は舌の固有の部分に局在しており、舌のどの部分にどの味蕾があるということが決まっていると考えていました。

その味蕾の分布を味覚地図といい、甘みは舌の先端部分、塩味はその横、酸味は舌の奥の

●味覚地図

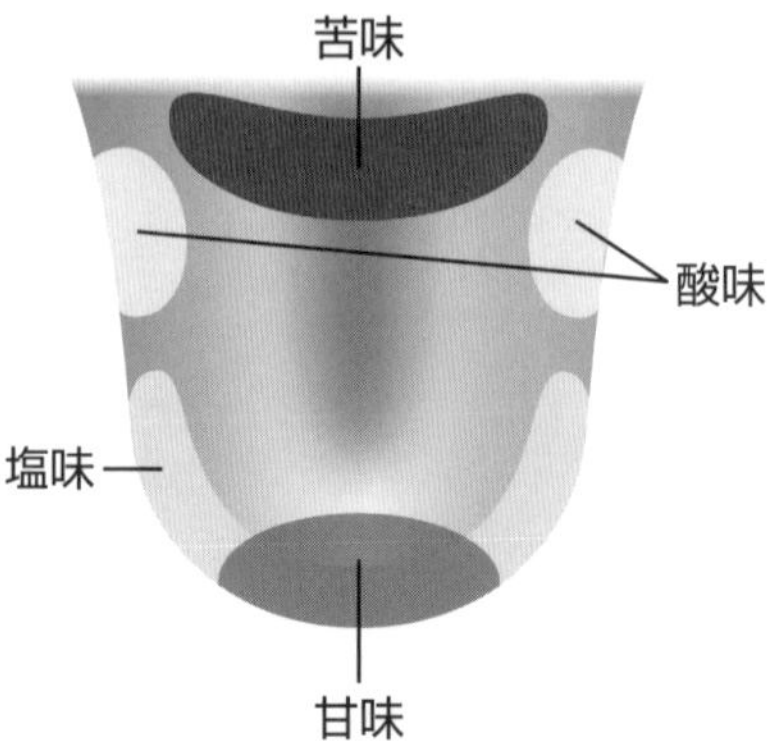

両端部分、そして苦味は舌の奥の中央部分であると考えられていました。

味覚地図は間違っていた

ところがその後、この説は間違っていることがわかりました。というのは、味蕾は4種の味のうちのどれか1種だけを感じるのではなく、4種の味全てを平等に感じることができることがわかったのです。

全面を味蕾で覆われた舌は、どの部分がどの味を感じるという分業制度ではなく、舌のどの部分でも全ての味を共通、公平に味わうことができるということになります。つまり、「味覚地図」というものは、過去の遺物として完全に廃棄されてしまったのです。

味覚地図は間違っていない

ところが最近、味覚地図は錯覚ではなく間違ってはいなかったのだという説が有力になってきました。なぜでしょう?

① 人間の行動

それは、人間は物を食べるとき、あるいは食べ物を味わうときに固有のパターン的な行動をするというのです。私たちは、「アイスやケーキを食べる時」、「アメをなめる時」と、「粉薬を飲む時」とで同じ味わい方をしているでしょうか?

苦いものは早く飲み込みたいと口の奥のほうに、甘いものはよく味わいたいと舌の前のほうで味わうのではないでしょうか? つまり、「甘いものは舌の先」「苦いものは舌の奥」で味わっているのではないでしょうか? これは味覚地図と似ています。

② 科学的な証明

味の伝わり方は「細胞への刺激」⇓「神経に伝わる」⇓「脳に信号が送られる」というように感じます。つまり、細胞だけでは味を感じることはできません。センサーが受け取った信号が脳に達して初めて味覚として感得されるのです。そして、神経の応答速度は味と舌の場所によって異なります。

例えば舌の奥のほうにつながっている舌咽神経は苦み物質（キニーネ）に対する感受性がとくに高いことが知られています。つまり、舌の奥の方が苦味を感じやすいということです。
このように、神経まで考慮すると味覚地図は科学的にも根拠があることが見えてきます。

③ 口の構造と味の閾値

味の感度はそれぞれの味の種類によって異なることがわかってきました。それは下の順序です。

ここで、それぞれの味が生物学的にどのような意味があるのか見ておきましょう。

- 甘味……………エネルギーのシグナル
- 塩味……………ミネラルのシグナル
- 酸味……………腐敗物のシグナル
- 苦味……………毒物のシグナル
- うま味…………タンパク質(アミノ酸)、遺伝子(核酸)

●味の感度

（強）　苦味　⇒　酸味　⇒　塩味　⇒ 甘味　（弱）

つまり、この感度の順序は危険な味、死に直結する味ほど感じやすくなっているのです。物質によって違いはありますが、一般に砂糖と苦み物質では舌の感度に1000倍程度の違いがあるといいます。

④ 味わう順序

何か食べた時に口の中で味が最後まで残る部分はどこでしょう？　喉の奥に近い舌の横の部分ではないでしょうか。舌を動かしやすい部分は、口の中でこすりあわされて自然と味が取り除かれていると思います。

つまり、濃度が薄いものが最後まで残るのは舌の脇や舌の付け根・喉の奥の部分なのです。ということは、敏感に感じなければならない味ほど喉の奥のほうで感じるということになります。

このように、人間は舌を味蕾を一様にはめ込んだ棒のようにして使っているのではなく、舌のいろいろの部分を使って、味を感じているのです。そのような過程を通じて考えてみると、やはり、舌は特定の部分で特定の味を味わっているようであり、その役割分担は味覚地図と一致している、ということのようです。したがって、理由は以前とは異なりますが、「味覚地図そのものは今も現役である」ということになるようです。

SECTION 27

ミラクルフルーツ

私たちは甘いものを食べれば甘く感じ、酸っぱいものを食べれば酸っぱく感じます。それが健康な人間の味覚というものですが、「この果実を食べれば、その後、何を食べても甘く感じる」という錯覚を起こす不思議な果実があります。それがミラクルフルーツです。

ミラクルフルーツの果実

ミラクルフルーツは、西アフリカ原産のアカテツ科の果物です。果実自体は甘くないのですが、次に食べたものを甘く感じさせるという不思議な能力を持つ果物です。

ミラクルフルーツの木は、現地では6m以上にもなる常緑樹で、コーヒー豆ほどの大きさの小さな赤い実を着けます。花は白く、何カ月もの期間にわたり開花しています。果実は年に2回、雨季の後に収穫することができます。

ミラクルフルーツは1725年に、原産地である西アフリカで発見されました。発見者は、現地の人々が食事の前にこの果物を採って噛んでいることから、ミラクルフルーツの存在に気付いたといいます。

ミラクリン

ミラクルフルーツの実自体は甘くありませんが、数本の糖鎖を持つ特殊な糖タンパク質であるミラクリンを含んでいます。この実を食べる(その際、果肉を舌に

●ミラクルフルーツ

こすりつけるようにする）と、ミラクリン分子が味蕾の甘味受容体に結合します。ミラクリン自体は甘味料ではなく、感じる甘味は後続の食べ物に左右されます。

口の中が中性の状態では何も変化しませんが、酸っぱいものを食べて口の中が酸性になると、ミラクリンと結合した甘味受容体は甘味物質がなくても活性化されてしまいます。そのため、酸っぱいレモンを食べると甘く感じる、つまり錯覚してしまうのです。この効果は30分から2時間程度持続します。

ミラクルフルーツの戦略

このような特殊な味がミラクルフルーツの繁殖や繁栄にどのような意味を持つのかに関してはこのような説があります。

一般に果物が甘いのは、動物に食べられ、それによって動物に種子の分散を行わせるという利点があります。食べられる果実の組織や含まれる糖分などは植物にとっては損失ですが、これは種子散布のための投資といえます。従って、十分な種子散布が見込める場合は、この投資は少ない方が有利です。

そういった観点からミラクルフルーツをみた場合、果実には糖分がほとんど含まれないにもかかわらず、ミラクルフルーツを食べた後で他のものを食べると美味しく感じることができるのは、他の果実の自身に対する投資を、自分の種子散布の為のものとして利用しているのです。

味覚修飾物質

ミラクリンのように、一時的に味覚機能を変化させる、つまり錯覚させる物質を一般に「味覚修飾物質」といいます。他にも同じような効果のある修飾物質があります。

① ネオクリン

ネオクリンは、西マレーシア原産の熱帯植物クルクリゴの果実中に含まれるタンパク質です。

ネオクリンを食べると水でも甘いと錯覚しますが、同時に酸っぱいものを味わうと一層甘味が強くなります。ネオクリンの甘みの強さが変化するのは、酸性になるとタンパク質の構造が変化して甘味受容体を活性化させるためです。

② **ギムネマ酸**

これとは反対に甘味を感じさせなくする修飾物質もあります。それがギムネマという植物に含まれるギムネマ酸です。ギムネマ酸はアスパルテームといった人工甘味料や甘味タンパク質のソーマチンといった天然甘味料を含むほとんどの甘味料の甘味を抑制して甘くないと錯覚させます。

舌が再び甘味を感じるようになる、つまり錯覚から覚めるには10分以上かかるといいます。

●ギムネマ

SECTION 28

ワサビと唐辛子

世界的に辛いものといえば本流は唐辛子であり、ワサビは異端の辛みとされますが、日本で辛いものといえばワサビが一番にくるのではないでしょうか?

ワサビの辛み成分と唐辛子の辛み成分

ワサビも唐辛子も、どちらも「辛い」とか「ピリっとする」と表現されますが、その感覚が生まれる仕組みはそれぞれ異なります。唐辛子とワサビでは「辛味成分」が違います。辛み成分が違うのに、日本人はワサビも唐辛子も同じように「辛い」の一言で片づけます。これは両方の辛みとも同じようなものだと錯覚しているからではないでしょうか?

唐辛子の辛み成分は、カプサイシンという分子であり、ワサビ、辛子、ホースラディッシュ（西洋ワサビ）の辛み成分は、アリルイソチオシアネートと呼ばれる全く別の分子です。

▦「痛み」に変換するアプローチも違う

西洋人が長い間味覚の基本としてきた4味の中には辛みは入っていませんでした。西洋では辛みは「味覚」ではなく、「痛覚」と考えられていたのです。

カプサイシンもアリルイソチオシアネートも、同じような方法で痛み（辛さ）の感覚を引き起こします。どちらも、口や鼻にある受容体に結合するのです。こうした受容体は、痛みを伴う刺激を受けた際、脳に警告を発するために存在しています。

その結果、舌は実際には傷ついていませんが、傷ついているかのような信号を脳に送ります。その際、2つの化学物質が主に標的とする受容体はそれぞれ異なります。

カプサイシンは、熱にも反応する受容体「ＴＲＰＶ１」を刺激します。それに対して、アリルイソチオシアネートが結合する受容体「ＴＲＰＡ１」は、他にもさまざまな化学性刺激物に反応します。

つまり、両者は少し違った方法で脳を騙しているというわけです。脳にしてみれば、どちらの刺激も同じようなモノだと錯覚しているのかもしれません。

辛みの持続時間

2つの化学物質のもたらす感覚が異なる理由は他にもあります。それは辛みの持続する時間の長さです。

カプサイシンは、舌にとどまりやすい親油性分子であるため、唐辛子の辛さは長く舌に残ります。洗い流すには、ヨーグルトや牛乳といった脂肪分を含む食品が向いています。

それに対して、アリルイソチオシアネートは揮発性が高く、口から鼻へツンと抜けやすいです。それでワサビは鼻に来るといわれるのです。ワサビのこの性質には良い点もあります。受容体を刺激したあとは、ふわりと消え去ってくれるので、ワサビの辛さは後に残りません。

辛みの違い

ワサビと唐辛子、各々の辛み成分が体にどのように作用するのかを見てみましょう。

① 唐辛子の辛み

カプサイシンは体内で加水分解されて、特異的な作用がない脂肪酸などの代謝産物になります。カプサイシンを含む食物を食べたり、カプサイシン入りの湿布薬やクリームを使用したりすると、ホットな感覚がします。これは、カプサイシンが口腔内や皮膚などの感覚神経に直接作用して温度感覚を引き起こすためです。カプサイシンの受容体は、痛みや温度などを感知する一次感覚

●唐辛子

神経に限局していて、その他の組織には見出されていません。

カプサイシンによってホットな感覚が起き、皮膚血管が拡張して顔が赤らみ、汗をかいたりする反応は、熱の放散を高めて体温を下げようとする自律反応です。これはカプサイシンによって温度受容器が刺激されるためで、実際には体温は正常であるにもかかわらず暑いと錯覚してこのような反応が起きるために体温は低下します。

② ワサビの辛み

ワサビの辛味成分は、揮発性のカラシ油（イソチオシアネート）類です。ワサビの細胞内の、「カラシ油配糖体」が、すりおろすな

●ワサビ

どにより物理的に破壊されると、ワサビに存在する酵素の働きにより「カラシ油配糖体」の加水分解が起こり、カラシ油が生成します。

ワサビのカラシ油のうち、約90％を占める最も多量なものは「アリルカラシ油」です。生ワサビ100g当たりおよそ0・3g含まれます。

1882年、コッホらがアリルカラシ油などの辛味成分の殺菌性を報告して以来、ワサビのビタミンB1の合成増強能、ビタミンCの安定化能、食欲増進作用、抗寄生虫作用、消化吸収作用など多くの活性が明らかにされています。

最近では「病原性大腸菌O157」に対してワサビは高い抗菌力があることが明らかになりました。加えて黄色ブドウ球菌、腸炎ビブリオ菌など各種の食中毒起因細菌に対しても極めて高い抗菌作用を持つことが知られています。

SECTION 29

うま味の不思議

醤油、完熟トマト、味噌は、うま味成分が豊富な食品として知られています。うま味は、主にアミノ酸であるグルタミン酸、アスパラギン酸や、核酸構成物質のヌクレオチドであるイノシン酸、グアニル酸、キサンチル酸など、その他の有機酸であるコハク酸やその塩類などによって生じる味の名前であり、基本五味の1つとされています。

うま味の歴史・発見・認知

19世紀以前は、うま味の存在が科学的に立証されていませんでした。しかし、うま味となるだし昆布や鰹節を使用した出汁《だし》は、日本料理の基本となる伝統的調理手順の1つです。そのため、日本の学者は「だしがきいていない」という味覚は、塩味や酸味が足りないのとは違う感覚であることを経験的に知っており、うま味の存在に早くから気づいていたのでした。

うま味を発見したのは、日本人の池田菊苗です。1907年に昆布の煮汁からグルタミン酸を発見して「うま味」と名付け、翌年に特許登録しました。世界的にも「UMAMI」として知られ、特許庁が「日本の十大発明」の1つに挙げるほどの出来事でした。

1913年に、小玉新太郎が鰹節から抽出したイノシン酸もうま味成分であることがわかりました。そして1957年には、国中明がシイタケから抽出したグアニル酸が新たなうま味成分であることがわかりました。

西洋文化圏のうま味

一方で、西洋文化圏では、フランス料理におけるフォン・ブイヨンやコンソメのように、だしによってうま味を増す料理法が存在するものの、欧州の水は硬くてだしを取りにくく、多くの料理ではトマト(グルタミン酸を豊富に含む)やチーズのような食材によってうま味を補給していました。

何より肉料理では肉の煮汁自体がうま味の供給源となったため、肉のうま味を利用することはあっても他の食材によってうま味を増すことに多くの意識は向けられませんでした。そのため、日本の学者の主張するうま味の存在は、多くの欧米の学者には懐疑的に受け止められ、うま味なるものは塩味・甘味などがほどよく調和した味覚に過ぎないと錯覚していたのでした。

しかし、2000年に舌の味蕾にある感覚細胞にグルタミン酸受容体が発見されたことによって、西洋の錯覚は解消しました。うま味の実在が世界的に広く認知されるに至ったのです。

うま味の錯覚効果

うま味物質はタンパク質や核酸に富んだ細胞の原形質成分に多く含まれることから、主としてタンパク質の豊富な食物を探すうちに鍛えられた味覚であると考えられます。

代表的なうま味成分のうち、アミノ酸の一種であるグルタミン酸は植物に、核酸の一種であるイノシン酸は動物に多く含まれます。また、アミノ酸系のうま味成分と核酸系のうま味成分が食品中に混在するとうま味が増すことが知られています。これを「うま味の相乗効果」と呼びます。

相乗効果とは、たがいに相手の効果を高め合うことです。この際に、相手の科学的性質が変わっているわけではありません。物質としては何ら変わっていないのにうま味の効果が増えるというのは効果を受ける側の味覚が錯覚をしていることを意味するのではないでしょうか?

実際に日本料理では昆布だしと鰹だしやシイタケのだしを合わせるといった調理が行われ、中華料理でも長ねぎ・ショウガと鶏がらスープを合わせるといった調理が行われています。

その他にも、食用のハエトリシメジに含まれるトリコロミン酸、毒キノコのテングタケに含まれるイボテン酸、貝類に含まれるコハク酸やコハク酸ナトリウムにも強いうま味があります。またレモンに含まれるクエン酸やリンゴに含まれるリンゴ酸などの果実酸類には、食品のうま味を高める作用があります。

SECTION 30

新しい味の発見

うま味の発見後、世界各地で「第六の味覚」を探る研究が盛んに行われ、これまでにいくつかの新しい味覚候補が挙げられましたが、いずれも残念ながら決め手に欠けていました。

今回、そのうち「脂肪味」に関する有力な手がかりを安松啓子氏らが発見し、欧州生理学連合の公式学術誌Acta Physiologicaに発表しました。

「第六の味覚」をめぐるこれまでの論争

新たな味覚をめぐっては、「辛味」「渋味」から、果ては「電気味」まで、これまでにさまざまな学説が提唱され、議論されてきました。中でも有力視されているのが「脂肪味」で、第六の味覚「オレオガスタスOleogustus」Oleo(油、オレイン酸の意味)＋

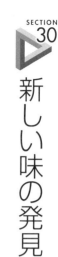

Gustus（ラテン語で味覚の意味）と呼ぶことが提案されています。

それに対し、「第六の味覚はカルシウム味だ」という説もあります。2008年には、マウスの口内にはカルシウムに対する味覚受容体が存在し、舌にはカルシウムを味わう遺伝子が存在する可能性が指摘されています。この遺伝子は人間にもあることから、人間も「カルシウム味」を認識できるのではないかとの説もあります。

一方、2016年には、炭水化物を溶かした液体の味が区別できたとの研究結果を報告しました。被験者たちは「白米、小麦粉、パスタ、パンみたいな味がした」と回答したことから、「デンプン味」こそ第六の基本味だとして、「Starchy（デンプンの意味）」と命名しています。

しかし、これらの研究はいずれも少数の人・動物が「第六の味覚」の候補となる味（脂肪、カルシウム、デンプン）を感知したり、別の味（甘み、苦味など）と区別することができるかを調べたものや、味覚に影響を与える受容体、遺伝子が存在する可能性を示唆したもので、独自の味が存在することは証明できていません。

味でない味「コク」

調理したり、食べたりする時にコクという言葉を使うことがあります。日本人なら、コクの意味を説明できなくても、コクの感じはわかるのではないでしょうか？　コクとはどういう意味でしょう。このコクを第六の味に押そうとの動きがあるようです。

①「コク」とは？

味覚は、基本的に「うま味」「甘味」「酸味」「塩味」「苦味」の5つを感じることができます。しかしそれだけではありません。それに加えて「余韻」「香り」「食感」が絡み合った感じや美味しさをコクと呼んでいるのかもしれません。

しかし、「コクのあるラーメン」などという場合には、もう少し具体的な味を指しているような気もします。もしかしたら、明治時代に世界に認められず苦労した「うま味」のように、日本人には理解できるが、西洋人には理解できない感覚なのでしょうか？

ところが最近、コクの正体が判明してきたといいます。「グルタミン酸」「バリル」「グリシン」という3つのアミノ酸から成る化合物である「グルタミルバリルグリシン」がコクの正体のようだといいます。

②　味の錯覚

グルタミルバリルグリシンを炒めたり、煮込んだりすることで、糖や油と結びつき、コクのある状態を作り出すといいます。しかし、この成分自体には味が無く、専ら他の食材のコクを引き出すだけの役割という、まさしく縁の下の力持ちのような物質だそうです。もしかしたら、他の食材にベールを被せて、摂食者に食材の味を「濃厚で素晴らしい」と錯覚させる働きがあるのかもしれません。

なにやら、「味の世界の錯覚」のような話ですが、どこに着陸するか、しばらくなりゆきが楽しみです。

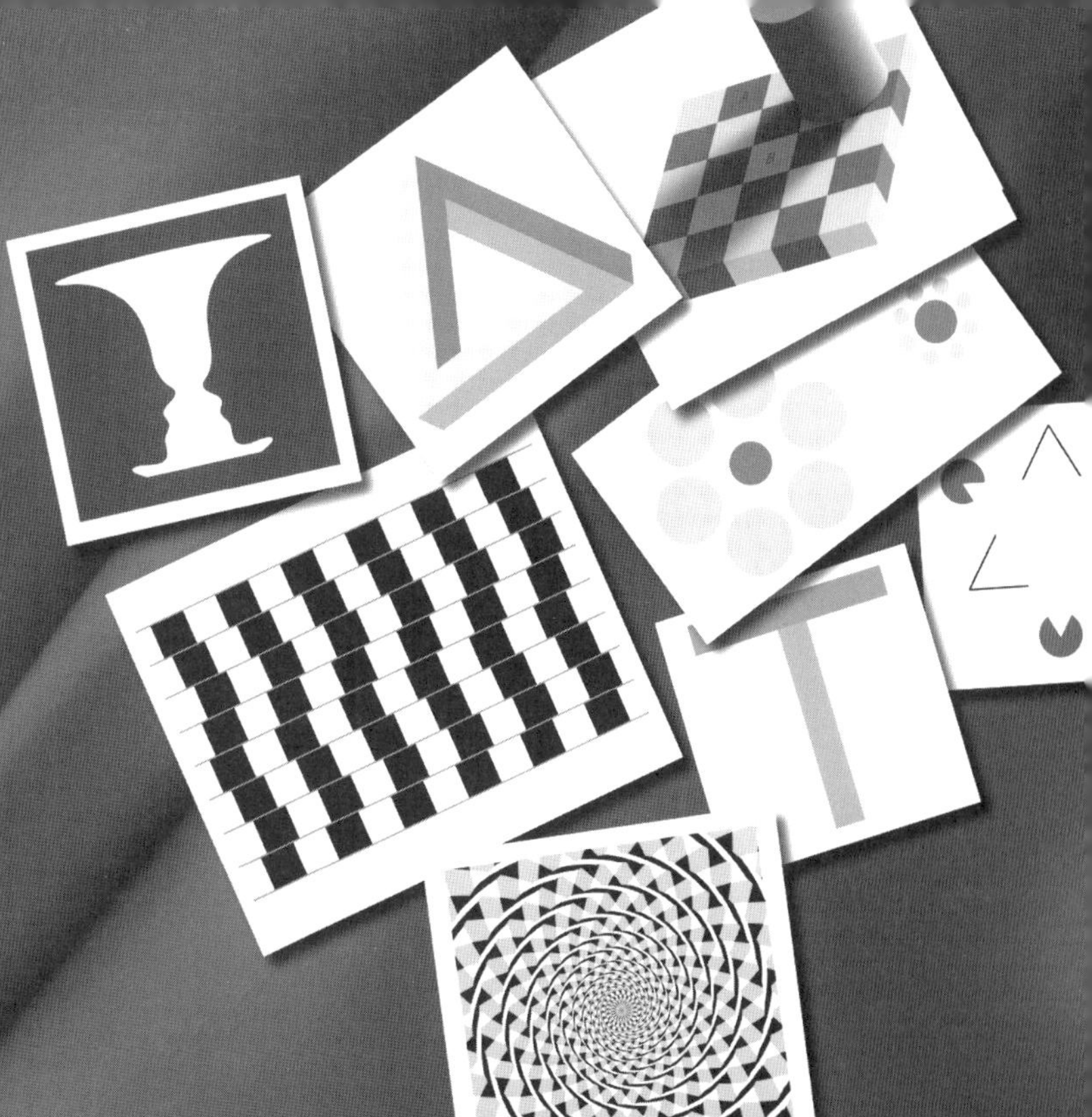

Chapter. 6
嗅覚の錯覚

SECTION 31

閾値と濃度

感覚器官（センサー）には感度があります。センサーの対象には感知される最低限度の信号量があり、それより量が少ない情報は感知されません。この感知可能の最低限度の情報量を閾値《いきち》といいます。

嗅覚の閾値とは、何らかの化学物質が嗅覚によって感知され得る、最低濃度のことをいいます。なお、水棲生物のように、生物種によっては、空気中の匂いを感じるだけでなく、水中の匂いを感じる例も知られています。

嗅覚のパラメータ

嗅覚に関係した受容体は、匂い物質の持つ次のようなパラメータによって匂いの質を感知しているのではないかと考えられています。

- 分子量の違い……分子の大きさ、重さ
- 分子の形状……鏡像異性体は各々違う物質として区別される
- 極性……分子内の電子密度の偏りの具合
- 濃度……同じ分子でも、濃度が大きく異なると、別な匂いに感じることがある
- 混合物……複数種類の分子が混合している場合には、別の物質の匂いとして感じることがある

観測者による閾値の変化

臭気を放つ匂い物質の側の問題ではなく、その匂いを感得する人の嗅覚の異常、疲労、感得者の意識などによっても閾値は変化します。

① 嗅盲《きゅうもう》

一般的な人が感知できる匂いを感知できない場合があります。これを嗅盲といいま

す。例えば、遺伝的にシアン化水素の匂いを感じない、シアン化水素嗅盲の人が、1割程度はいると見積もられています。

このように、嗅覚閾値には、たとえ生物として同じ種であっても個体差が存在し、場合によっては、その匂いを全く感じない個体も存在します。

②嗅覚の疲労

匂い物質が同じように存在していても、嗅覚の「疲労」によって、嗅覚閾値は変化します。要するに、同じ匂いを嗅ぎ続けていると、その匂いに鈍感になってくるということです。

③観察者の意識の問題

同じ匂い物質が同じ濃度で存在していても、意識して能動的に匂いを嗅ごうとした場合と、何も意識せずに受動的に匂いを感じた場合では、嗅覚閾値が異なります。

匂い物質以外の影響

食べ物の香りの場合は、匂い物質や生体側の嗅覚の条件が同じだったとしても次のような要素によって、匂いの感じ方が変化することがあります。

- 近くにほかの匂い物質が存在する
- 物質に含まれる空気の比率
- 匂い物質の濃度
- 匂い物質の水や油への溶解度
- 匂い物質の揮発性と食べ物の温度
- 食べ物のｐＨ

SECTION 32

嗅覚と味覚

嗅覚と味覚は、密接に結びついています。鼻の神経は匂いを嗅ぎ分けて、舌の味蕾《みらい》は味を識別します。これらの感覚はともに脳へと伝達され、脳がその情報を統合することにより風味として認識し、味わうことができます。

塩味、苦味、甘味、酸味など一部の味覚は、嗅覚がなくても認識できます。しかし、例えばホタテガイの刺身やラズベリーのような複雑な風味を味わうには、味覚と嗅覚の両方が認識される必要があります。

嗅覚や味覚の障害で最も多いのは、嗅覚が部分的に無くなる嗅覚低下と、嗅覚が完全に無くなる嗅覚脱失です。風味の識別は主に嗅覚に基づいているため、多くの場合、食べ物が味気なく感じられるようになって初めて嗅覚の低下に気づきます。

風味とは何か？

大半の風味は、識別するために味覚と嗅覚の両方の情報が脳にインプットされることが必要です。これらの感覚は鼻と口から脳に伝達されます。脳のいくつかの部分がその情報を統合することで、人間は風味を認識し、楽しむことができるのです。

① 嗅覚

第2章で見たように匂い物質の匂い情報は嗅神経を伝わって脳へ伝わります。脳はこのインパルスを特定の匂いとして解釈します。さらに、匂いの記憶が保存されている脳の領域（側頭葉の中央領域にある嗅覚と味覚の処理中枢）も刺激されます。このようにして、それまでの人生で経験したさまざまな匂いを区別して特定することを可能にしています。

② 味覚

味分子の持つ味覚情報は味細胞でキャッチされますが、その情報はインパルスとして脳へ送られます。脳は異なる種類の味覚受容器から来たインパルスを組み合わせて解釈し、特定の味として認識します。つまり、食べ物を口に入れて噛むと、食べ物の匂い、味、食感、温度などに関する感覚情報が脳で処理され、それぞれの風味となります。

感覚の障害

感覚器官やその情報を送る神経系は病気や加齢などによって鈍感化したり、機能しなくなったりすることがあります。

①加齢

50歳を過ぎると、嗅覚と味覚は徐々に低下し始めます。鼻の内側を覆う粘膜が薄くなって乾燥し、嗅覚に関わる神経が衰えます。それでも高齢者は、匂いが強ければ感知することができますが、微妙な匂いは感じ取りにくくなります。

また、年齢が上がるにつれ、味蕾の数も減り、残った味蕾の感覚も鈍くなります。この変化では、酸味や苦味よりも甘味や塩味を感じ取る能力が低下する傾向がみられます。このため、多くの食べ物が苦く感じられるようになります。

加齢につれて嗅覚と味覚が低下するため、多くの食べ物が味気なく感じられます。口が乾燥することが多くなり、ますます味覚と嗅覚が低下します。また、高齢者は口腔乾燥の一因になる病気にかかっていたり、そうした薬を服用していることがよくあります。このような味覚と嗅覚の低下により、食事量が減ることがあります。すると、必要な栄養がとれなくなることや、すでに何らかの病気がある場合に病状が悪化することがあります。

② 感覚異常

妊婦は匂いに過敏になることがよくあります。また嗅覚過敏は、原因が精神的なものである場合もあります。つまり、心因性の嗅覚過敏がある人には、明らかな体の病気がみられません。

一部の病気によって嗅覚がゆがめられ、無害な匂いが不快に感じられることがあります。味がよくわからない味覚低下や味がまったくわからない味覚脱失は通常、舌に影響を与える病態の結果として現れ、多くは強い口腔乾燥によって起こります。

そのような病態には、シェーグレン症候群、大量喫煙（とくにパイプ喫煙）、頭頸部への放射線療法、脱水状態、薬の使用（抗ヒスタミン薬や抗うつ薬のアミトリプチリンなど）などがあります。また、亜鉛、銅、ニッケル濃度の低下などの栄養不良によって味覚と嗅覚の両方が変化することがあります。

うつ病やけいれん性疾患などの神経疾患も味覚を障害することがあります。

SECTION 33

嗅覚の記憶

「街ですれ違った人の香水で昔の恋人を思い出した」「塩素の匂いを嗅ぐとプールで遊んだ子供時代が思い浮かぶ」そんな錯覚するような経験はないでしょうか?

香りと記憶

香りと記憶が結びつく原因は脳の仕組みと関係しています。実は、人間の五感の中でも、香りを感じる嗅覚だけが記憶をつかさどる海馬という脳の部位にほぼ直接的に信号を送ることができるのです。厳密にいえば、嗅覚からインプットされた情報は、喜怒哀楽をつかさどる大脳辺縁系という脳の部位へ信号を送り、そこにある海馬や扁桃核が反応を起こすということになります。

海馬は記憶の保管庫のような役割を持っているので、匂いを察知するとほぼ同時にその該当するファイルを見つけ出し、その時に感じた感情までもが呼び起こされるという仕組みです。そのため私たちは、匂いを嗅いだ瞬間に「記憶」と「好き嫌いや喜怒哀楽の感情」が甦るのです。

嗅覚だけが脳に直接働きかける理由

その理由は太古の昔、人間が自分たちの命を守るため、危険に関する情報は瞬時に得る必要があったからです。夜闇の中でも獣たちから身を守るためには、獣の匂いをすぐさま察知しなくてはいけません。嗅覚器官はそのような機能をもっているため、「臭脳」や「原始脳」とも呼ばれたりします。また、私たちの先祖である哺乳類、爬虫類のみならず昆虫たちも危険を察知するための嗅覚システムを持っています。

●香りが脳に伝わる仕組み

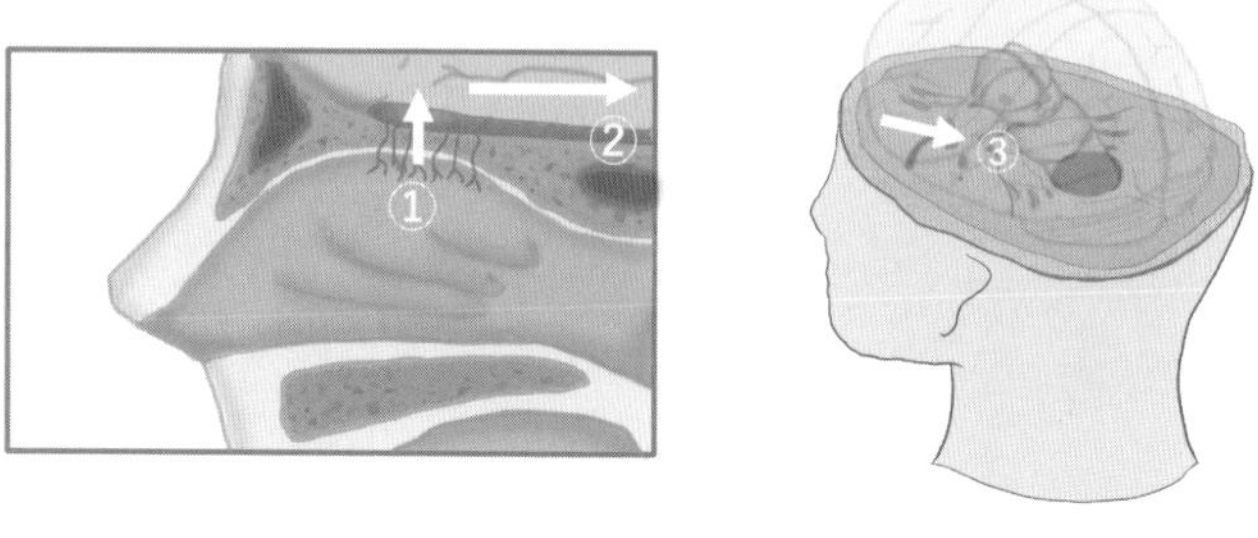

①プルースト効果

このように匂いと脳が結びつく仕組みは「プルースト効果」と呼ばれています。フランスの文豪、マルセル・プルーストの著書「失われた時を求めて」の中に出てくる「マドレーヌが焼けた匂いとともに昔の記憶が甦る」という一節から名づけられた言葉です。

プルースト効果によれば、不眠症の人はラベンダーの精油を嗅ぐと良い、カモミールが良い、ヒノキは脳に良いなどといわれることもありますが、そもそもこれらの香りに良い記憶が結びついていなければ、かえって逆効果しかありません。つまり、香りとの上手な付き合い方は、自分にとっての良い記憶と結びついた香りを生活に取り入れるということになります。

②香りの積極的利用

嗅覚と脳の仕組みを知っていれば、記憶を呼び起こす目的でその匂いを嗅ぐという積極的な行動を起こすこともできます。

例えば、幼児が母親の留守の際に寂しくなって、母親が着ていたブラウスを頭からかぶって匂いを嗅ぎながら、やがて泣き疲れて眠ってしまいます。幼心にも母を身近に感じる為にこのような行動を起こすのです。これは、ほぼ本能的な行動ということができます。最近ではアロマテラピーの世界でも、「認知症の改善」を目的として芳香療法が研究されています。

SECTION 34

金属の匂い

人が匂いを感じるのは、匂い物質が存在するからです。その匂い物質を臭覚細胞が捕えることによって匂いを感じているのです。ということは、匂い物質を空気中に放出できる物質、つまり揮発性の物質でなければ匂いを感じることは無いということになります。でも金属は匂わないはずなのに、学校の運動場で鉄棒を握った手には、強い「金属臭」を感じるのはなぜでしょうか?

金属、陶磁器、ガラスが匂わない理由

金属、陶器、ガラス自体が匂わないのは、これらの物質が揮発性の物質ではないからです。しかし、金属臭を感じる同じような経験は、鼻血が出たとき口のなかで鉄臭さを感じたでしょうし、中華鍋を洗っている時にも鉄臭を感じた経験もあるかと思い

ます。鉄は金属なので、室温で揮発することはなく、したがって匂いは感じないはずです。しかしながら金属の中で鉄だけが鉄臭いと感じるのは錯覚なのでしょうか？

① 鉄だけが匂う理由

その理由は、鉄自身ではなく、鉄から生じたある匂い物質が鉄臭いと感じさせていたのです。その匂い物質はOEO（1-オクテン-3-オン）という物質で、人の手にある脂質が鉄の触媒作用によってこの物質になったためです。

　血液の中には酸素運搬をするために赤血球が入っており、赤血球の中にはヘモグロビンというタンパク質があり、ヘモグロビンの中には鉄イオンが入っています。また中華鍋は

●ヘモグロビン

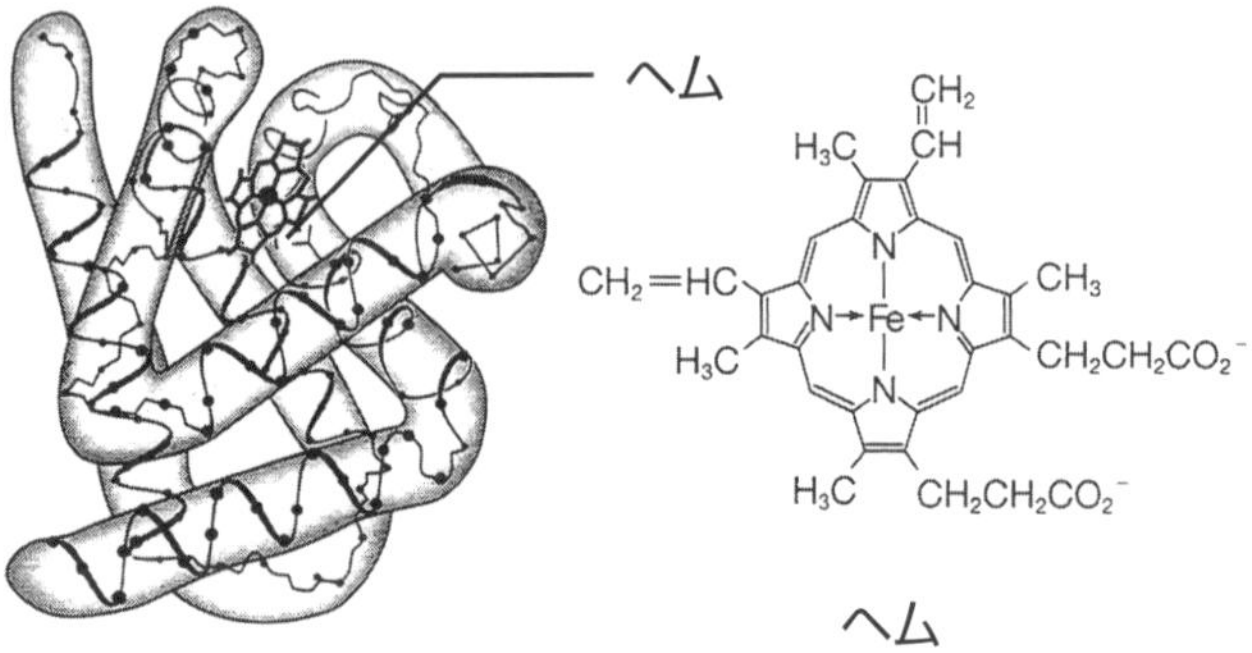

ヘモグロビン　　ヘム

鉄製ですので料理に使った脂質と反応してこのにおい物質を生成するのです。そしてこの匂い物質が臭覚細胞に届くから鉄の匂いがすることになるのです。

②匂い物質が生成する理由

これまで金属臭や味に関する多くの研究が行われてきましたが、未だこれらの生成場所は特定されていません。

OEO（1-オクテン-3-オン）は、鉄臭の原因物質として知られており、リノール酸を含む脂質と鉄二価イオンFe^{2+}が反応して生成します。つまり、人が鉄二価イオンの水溶液を口に含んだ時に鉄の匂いを感じるのですが、それが口内のどこで生成しているのかはわかりませんでした。

しかし最近の研究で、頬内側粘膜から分泌される脂肪酸組織におけるリノール酸の割合が、手の甲等より多いことが判明したそうです。つまり、口の中の鉄臭が、唇の内側や頬の内側、咽頭部など、表面が粘膜で覆われた組織で生成していることが明らかになったそうです。

SECTION 35

カルキの匂い

水道水やポットで沸かしたお湯、あるいはレストランのコップに入った水を飲んだ時などに、消毒臭やカルキ臭を感じることがあります。

カルキ臭の本体

消毒臭といえば、水道の消毒に使った塩素そのものの臭いだと思われがちですが、実は消毒臭やカルキ臭の大半は、塩素や臭素とフェノールが反応したハロゲン化フェノール類が原因で発生しています。塩素そのものの臭いは、消毒臭やカルキ臭とは若干臭いの質が

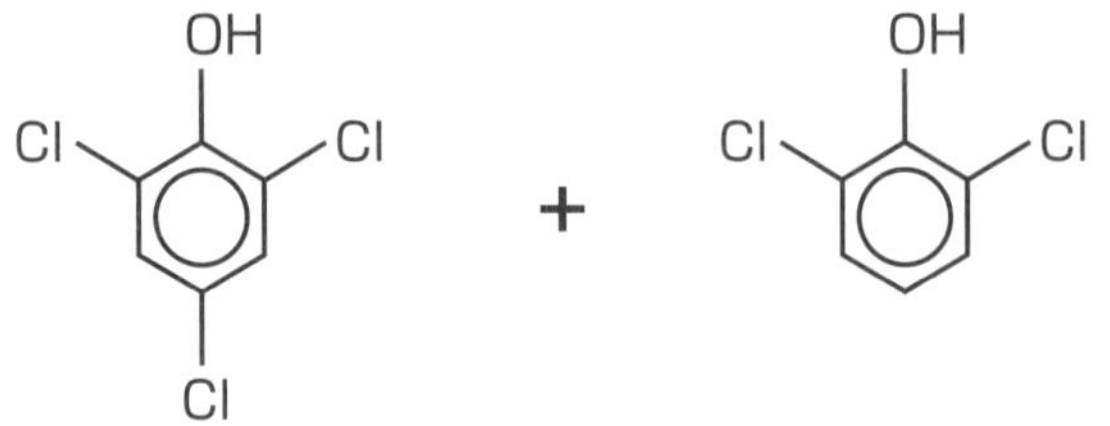

2,4,6-トリクロロフェノール
弱い消毒臭物質

2,6-ジクロロフェノール
強烈な消毒臭物質

異なりますので、水道水の消毒臭を塩素の匂いと思い込んで錯覚しているのです。

消毒臭やカルキ臭がする物質は図のように、微量のフェノールと塩素が反応して生成するクロロフェノール類です。そのクロロフェノール類で、最も臭いが強いのは2,6-ジクロロフェノールです。この物質の閾値（臭いを感じる最低濃度）は、0・1ppb程度といわれています。他の2物質は、10ppb程度です。

どこかのレストランで水を飲んで「消毒臭い！」と感じた時は、水道水の塩素と反応して生成した0・1ppb以下のごく微量の2,6-ジクロロフェノールを嗅覚が検出しているのです。ただし、含まれていても極微量なので、毒性の心配は全くありません。

●フェノールと塩素の反応

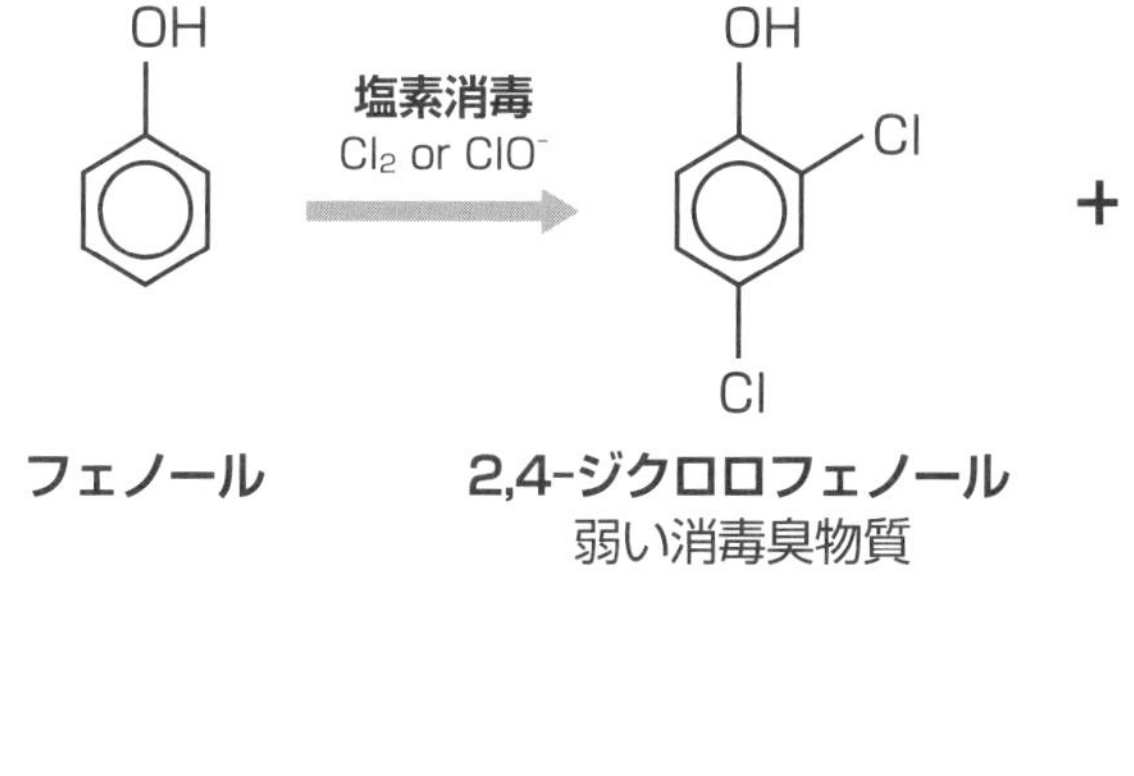

カルキ臭の検出

このように消毒臭やカルキ臭は塩素そのものの臭いではなく、塩素と反応して生成した極微量の閾値が低い塩素系の有機物であるということは、あまり知られていないようです。

ジクロロフェノール類による消毒臭の異臭事故は、常にベスト10の中に入るほど頻度が高く起こっています。塩素を使用しなければ異臭事故を防げるのですが、衛生面を考えると現状では無理のようです。やはり、塩素を使うと消毒臭やカルキ臭が発生するというメカニズムを知って、事故を未然に防ぐほかないのでしょう。

SECTION 36

プールの匂い

プールで臭うツンとした感じの「プールの臭い」の原因を、多くの方は塩素の臭いだと錯覚しているのではないでしょうか？　この匂いは塩素の臭いではなく、実のところ「おしっこがプールの塩素と反応した化学物質の臭い」であり、おしっこのせいで発生したこの化学物質は人体に有害であることがわかったのです。

プールで失敬！

きれいに見えるプールにも75リットルのおしっこが含まれていることが以前から報じられており、オリンピック選手の中にも「みんなプールでおしっこをしていると思う」という人もいます。そんなプールでのおしっこは水の消毒に使用される塩素と反応し、三塩化窒素NCl_3という化学物質を作り出すのです。

三塩化窒素

三塩化窒素は1811年に発見された物質ですが、単体だと少しの刺激で簡単に反応して爆発する性質を持っています。発見者自身も三塩化窒素の爆発で2本の指と片方の目を失う大けがを負いましたが、プール内に存在する三塩化窒素は水や他の物質と混合されており、プールで泳いでいるだけで爆発する可能性はありません。

しかし、プールでは爆発しないとはいえ三塩化窒素は毒性を持っている物質で、プールに入ると目が赤くなる原因になったり、気道に炎症を引き起こしたりするといわれています。三塩化窒素は揮発性の化学物質であり、プール内で塩素と汗やおしっこが反応して生み出された三塩化窒素はプールの付近で気化し、俗に言う「プールの臭い」の原因となります。気化した三塩化窒素は水泳している人だけでなく、先生やコーチ、ライフセーバーといったプールの周囲を歩く人々にも悪影響を及ぼします。

「スイミングプールの近くで働く人は気道に関する病気の発症割合が普通の人よりも高い」という研究結果も発表されており、三塩化窒素の臭いは人体に害を与えることが示唆されています。プールの周囲で発生する三塩化窒素はそれほど多い量ではないかもしれませんが、継続的に三塩化窒素を含む空気を吸うことにより、着実に人体に蓄積していきます。

予防法

プール内の塩素濃度を下げることにより、おしっこから発生する三塩化窒素の量を減らすことも可能ですが、それでは病原菌が発生する可能性があり、別の危険性が出てきます。

今すぐから実践可能な解決策は「プールに入る前にはしっかりとシャワーを浴びて汗を洗い流し、事前におしっこに行っておく」というものです。スイミングプールに遊びに行く人々だけでなく、アマチュアやプロのスイマーにも汗やおしっこが有害な化学物質を生み出すことを周知し、面倒だと思ってもプールでおしっこしないようにするべきです。

SECTION 37

ビタミンの匂い

ビタミン剤の入った瓶を開けた時の匂い、栄養ドリンクを飲んだ時に感じるビタミン臭、このビタミン臭の原因物質は何でしょう?

ビタミン臭の原因物質

分解生成物で強烈なビタミン臭を発する物質は、図の③ビス(2-メチル-3-フリル)ジサルファイドです。この物質の閾値は何と10ppq(ppmの千分の一がppb、ppbの千分の一がppt、pptの千分の一が

●ビタミン臭を発する物質

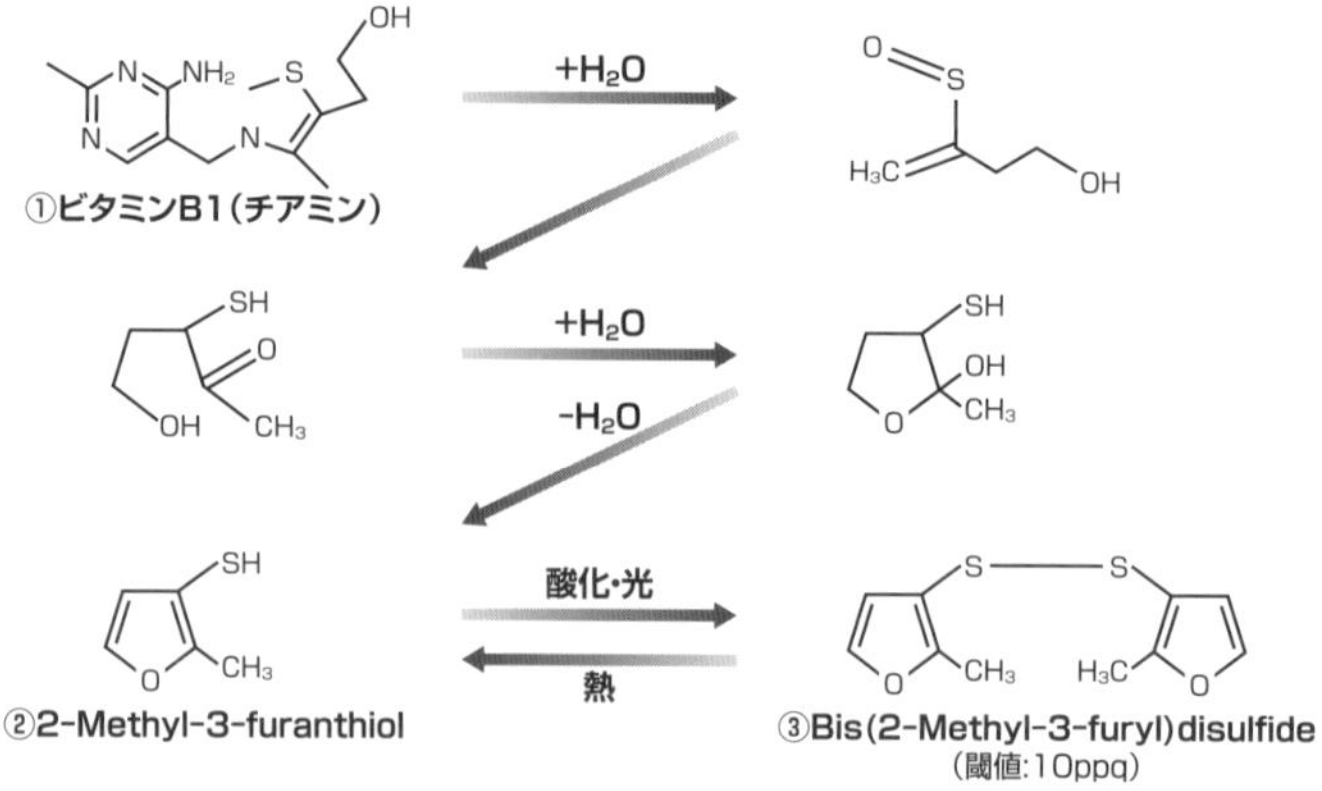

ppq）と非常に微量でビタミン臭を人は感じとることができます。

極微量に存在してもビタミン臭を感じるので、ビタミンB1が存在すれば自然とこの物質の匂いを嗅いでしまっていたのです。ビタミン臭イコールビタミンB1臭と勘違いしてしまっても仕方がないのかも知れません。ビタミンB1は水溶性のビタミンで、気化しにくい物質です。気化しなければ人が匂いを感じることはないのです。

豚肉臭

ビタミンB1を多く含む食品として、豚肉が知られています。豚肉を水で煮るとビタミン臭のような特有の匂いを発生します。これも、ビス（2-メチル-3-フリル）ジサルファイドがキーフレーバーになっています。ということで、逆に香料の分野などではビス（2-メチル-3-フリル）ジサルファイドが、ミートフレーバーやビタミン臭の付香剤として利用されているといいます。

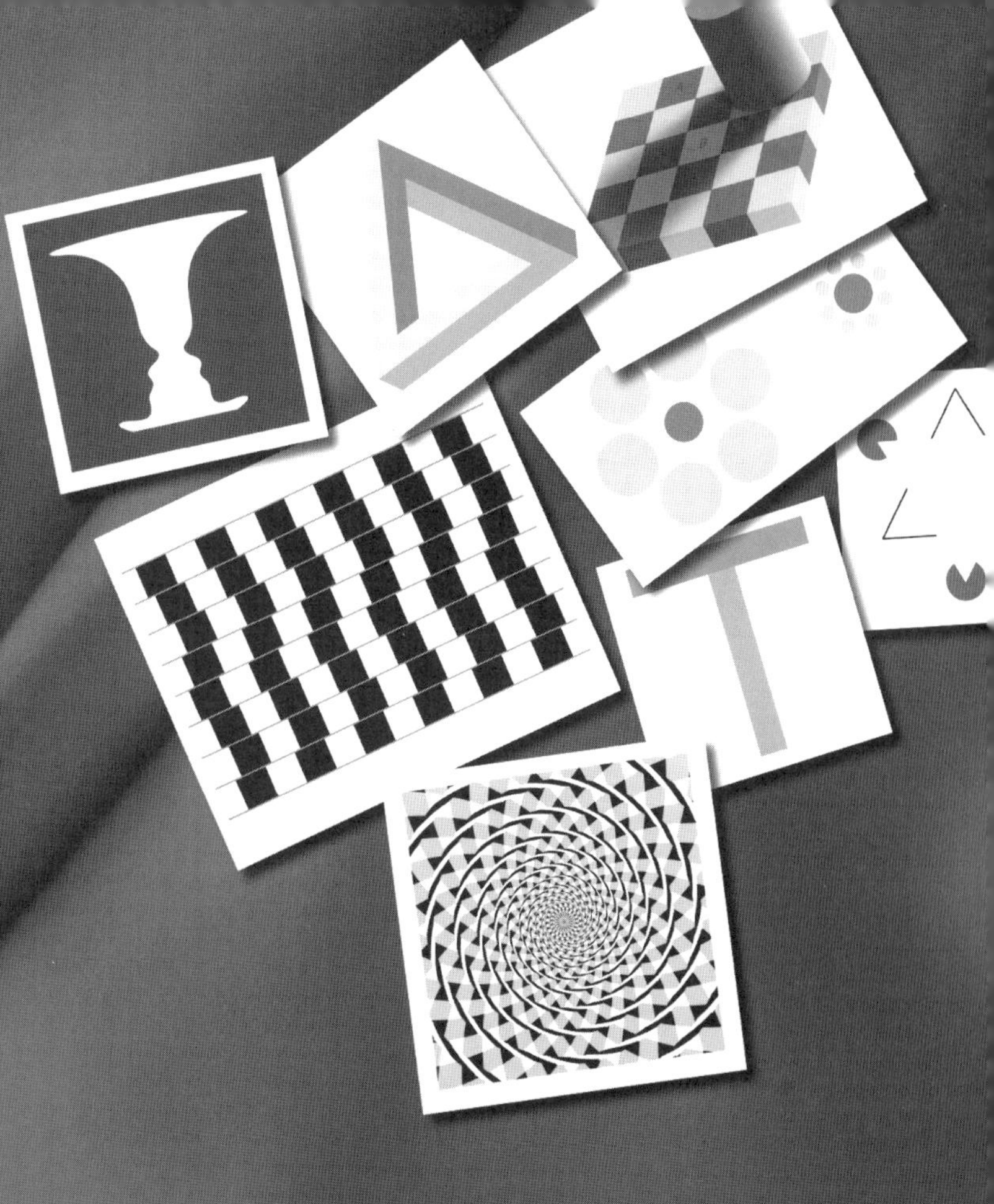

Chapter. 7
触覚の錯覚

SECTION 38

かゆみと防御反応

私たちは誰かに肌を触れられたらすぐにわかります。蚊に刺されてもわかりますし、もっと単純には、今日は暖かいのか、寒いのかもわかります。このような、体の表面、皮膚で感じる感覚を皮膚感覚、あるいは触覚といいます。触覚には、圧覚、痛覚、冷覚、温覚などがあり、これらの感覚を受容するのが、それぞれ、触点、圧点、痛点、冷点、温点です。

かゆみとは?

触覚の中で私たちが最も鋭敏に感じるのは、もしかしたら私たちの命を奪うことになるかもしれない痛覚でしょうが、そこまでいかなくとも、私たちを非常に不愉快な思いにさせる皮膚感覚があります。それが「かゆみ」です。

かゆみは「引っ掻きたくなるような不快な感覚」と定義されますが、実は、かゆみは体を守る防衛反応の1つなのです。皮膚に異物が付いた際に、かゆみを感じることによって、その異常が起きている場所を私たちに知らせ、その異物を掻いて取り除こうとする行動を起こすことから、かゆみは一種の「生体防御反応」であると考えられています。

最近の研究では、「吐き気と吐くこと」に関係する仕組みと、「かゆみと掻くこと」に関係する仕組みが似ていると考えられています。吐き気は「食べたものに異常がある」ことで生じる感覚であり、吐くことで「異物を体の中から除去する」はたらきです。これと同様にかゆみも「皮膚に異常が起こったことによって生じる感覚」であり、掻くことで「異物を皮膚から除去する」はたらきと見れば、かゆみも体を守る防衛反応であることがわかります。

さらに、かゆみは体の内部の異常を知らせるサインであることもわかってきました。例えば、ガンではその発見に先だって、なかなか治らない「かゆみ」を感じたり、内臓疾患では全身に湧き上がるようなかゆみを感じたりすることがあります。

「かゆみ」という感覚

　私たちにとって「痛み」や「かゆみ」は大切な皮膚感覚です。かゆみは、痛みとよく比較され、両者とも神経を伝わって感じることから、かつては「痛みの神経が感じる弱い痛みがかゆみである」と考えられていました。

　私たちは経験的に「痛み」は皮膚だけでなく、体の内部でも感じることを知っていますが、「かゆみ」は体内の臓器では感じません。「胃が痛い」ということはあっても、「胃がかゆい」ということはないことから、痛みとかゆみを脳に伝える神経はそれぞれ別々の神経であるという説が一般的でした。そして、「痛みとかゆみは異なる神経によって脳に伝えられること、かゆみを伝える神経は「C-線維」とよばれる細く、伝導速度（情報を伝える速度）が遅い神経である」ことが明らかになりました。最近の研究では、伝導速度の速い神経であるA-線維の一部もかゆみの伝達に関わることが明らかにされています。

　かゆみを伝える神経の末端部分（刺激受容部分）は、皮膚の表皮と真皮の境界部近くに存在します。例えば、皮膚の表面が外界から刺激を受けたり、体の中で生じたアレルギー反応によってかゆみを起こす物質が放出されたりすると、神経線維の末端部分がこれらの刺激を受け取って、その情報を脳へ伝え、脳が「かゆみ」として認識します。つまり、かゆみの刺激を受け取っているのは皮膚でも、実際にかゆみを感じているのは脳になるというわけです。例えば、かゆみを引き起こす物質としてヒスタミンという分子が有名ですが、ヒスタミンが神経にはたらくと、脳でかゆいと感じます。

掻くという動作

一端、かゆみが生じると私たちはかゆ

●かゆみの原因

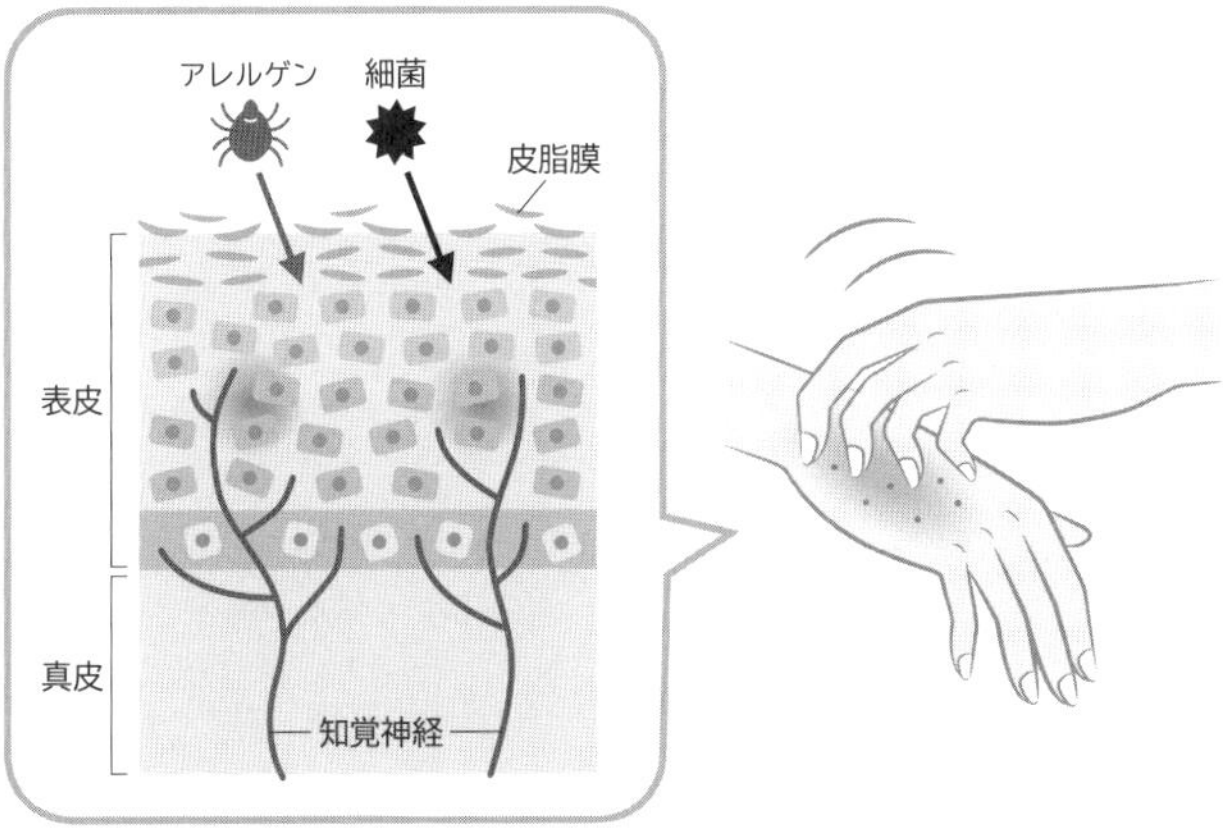

い場所を引っ掻きます。掻くと最初は気持ちがいいですが、その後は痛みが生じるために掻くことを止めます。すると、かゆみも鎮まります。それでは、なぜ引っ掻くとかゆみが鎮まるのでしょうか？　これは錯覚でしょうか？

最近の研究から、これは錯覚ではなく皮膚から脳へ感覚情報を伝える中継地点の脊髄の中で、痛みの神経回路が、かゆみを伝える神経回路を抑制することが明らかにされました。すなわち、かゆいところを引っ掻くと痛みの神経回路が活動し、それがかゆみの神経回路の活動を鎮めるのです。

後に見るように、アトピー性皮膚炎の患者さんの中には、「掻いても掻いてもかゆい」と訴える場合があります。近年、この原因の一つに、先ほどの「痛みによる鎮痒の仕組みの異常」が関係しているのではないかと推察されています。

掻くといけない理由

かゆいところを掻くと一時的に「気持ちいい」と感じます。しかし、掻き過ぎると、皮膚を傷つけたり、湿疹などの皮膚のトラブルが悪化したりするだけでなく、わずかな刺激にも反応してかゆみが起こりやすくなる「かゆみの悪循環」を発症します。

かゆみを感じると、掻いてしまいます。しかし、強く掻くと皮膚の細胞から炎症を促すさまざまな物質やかゆみの神経にはたらく物質が放出されて、結果的に皮膚炎がさらに悪化し、かゆみも強くなります。いったん掻き始めると、そのまわりの皮膚もかゆくなったりします。その結果、皮膚のダメージは広がり、皮膚炎はどんどん悪化します。アトピー性皮膚炎の患者さんのしつこいかゆみは、この「かゆみの悪循環」が原因であると考えられています。

かゆみの原因

かゆみの原因は外来的なものだけでありません。自分の体の方に原因がある場合もあります。

①乾燥肌（ドライスキン）

皮膚は、外側から表皮、真皮、皮下組織などに分かれています。表皮の厚さは0．

2㎜程度ですが、最も外側は何層もの角質細胞がレンガの塀のようにぎっしりと積み重なって「角層」とよばれる構造を作っています。角質細胞の隙間は「セラミド」とよばれる脂質が埋めており、例えばレンガ同士を接着するコンクリートの役割と、水をためる役割を果たしています。

こうした角層の構造は、外界の刺激から体を守ると同時に、体内の水分が外に漏れ出るのを防ぐバリアの働きをしています。ところが、加齢などの理由でセラミドの量が減少すると、角層バリア機能が低下します。

乾燥肌になると、通常なら皮膚の表皮と真皮の境界部にとどまっているはずのC-線維が、角層のすぐ下、すなわち体の表面近くまで伸びてきます。この状態になると外界の刺激に対してC-線維が敏感になるため、衣服がこすれたり、石鹸を使ったりといったわずかな刺激でもかゆみを感じるようになります。

アトピー性皮膚炎、乾癬、乾皮症などの皮膚疾患に加えて、透析患者さんの肌はこのような乾燥肌の方が非常に多く、かゆみの刺激に過敏になっていることが考えられます。

② オピオイドによるかゆみ

かゆみの原因は皮膚局所にある場合が多いですが、最近ではこれとはまったく異なる原因で起こるかゆみがあることがわかってきました。

それがオピオイド（麻薬性物質）によって生じるかゆみです。強力な鎮痛薬として使用されるモルヒネは、痛みを鎮める作用と同時に、かゆみを起こす作用があることが知られていました。

体の中では、モルヒネと同じ働きをするオピオイドの「β-エンドルフィン」という物質が作られますが、β-エンドルフィンが増加すると強いかゆみが起こります。反対に体内には、かゆみを抑えるオピオイドとして「ダイノルフィン」という物質があり、β-エンドルフィンとダイノルフィンはそのバランスによってかゆみを強めたり弱めたりすると考えられています。

こうしたかゆみを和らげるために、体内のダイノルフィンの割合を増やせば良いのではないかという発想で長い間研究が行われてきました。現在では、その努力が実り、ダイノルフィンとよく似た働きをする内服薬が透析患者さんのかゆみ治療薬として使われています。

③ ヒスタミン

なかなか治らないかゆみには「ヒスタミン」が作用していることがあります。皮膚のなかにはヒスタミンを作る細胞が存在しており、その代表が肥満細胞です。肥満細胞が刺激されると、ヒスタミンを分泌しますが、ヒスタミンは、血管にはたらきかけ、強いかゆみを起こします。これが蕁麻疹《じんましん》です。

蕁麻疹のかゆみはヒスタミンが神経にはたらきかけることで生じることから、かゆみの第一選択薬である抗ヒスタミン薬によってかゆみが鎮まります。また、皮膚の表皮ケラチノサイトもヒスタミンを作り、分泌することもわかっています。イラクサなどの植物のとげにヒスタミンなどが含ま

●イラクサ

れている場合もあり、そのとげが皮膚に刺さることによってもかゆみを感じます。

抗ヒスタミン薬を使ってもかゆみが改善しない場合には内臓疾患によるかゆみが疑われます。長引くかゆみと思って放置していると、病気そのものが悪化する可能性があります。かゆみをともなう内臓疾患として、糖尿病、腎不全、肝硬変の一種（原発性胆汁性肝硬変）、内臓ガンなどがあります。

SECTION 39

痛点と温点

皮膚感覚には、触覚(圧覚)・冷覚・温覚・痛覚の４種類があります。それらはそれぞれ、触点(圧点)・冷点・温点・痛点とよばれる受容器によって起こされる感覚です。これらの感覚は皮膚上に平等に分布するのではなく、痛点が1平方センチメートルにつき100～200、触点25、冷点6～23、温点0～3の割合で分布しています。

注射の痛み

注射は痛いので誰もが嫌いですが、実は注射の痛みにはいろいろな理由があります。その原因と痛みを感じにくくさせる方法を見てみましょう。

①痛点による痛み

注射の針が皮膚を刺すとき、「チクッ」という痛みを感じます。これは皮膚の表面に、痛みを感じる「痛点」があるためです。痛点は、皮膚の表面1平方センチメートルあたり平均130個ほどあります。そのため、注射の針が細ければ細いほど痛点を避けることが可能となり、痛みを感じにくくなります。

②薬物の浸透圧による痛み

注射による痛みの中には、薬物の浸透圧によるものもあります。浸透圧とは、濃度の違いにより生じる圧力のことです。血液の浸透圧と薬物の浸透圧の間には差があるため、その差が小さい薬物ほど刺激が少なく、痛みを感じにくくなります。

③薬物のｐＨによる痛み

注射の痛みは、薬物のｐＨ（ピーエイチ）の差によるものもあります。ｐＨとは、その物質が酸性かアルカリ性を示す基準値のことで、水のｐＨ７・０がどちらにもかたよらない「中性」とされています。私たちの血液は、通常ｐＨ７・４で、ほぼ中性に保たれており、注入される薬物と血液とのpHの差が小さいほど刺激が弱く、痛みも小さくなります。

熱傷の痛み

熱傷（やけど）は日常生活において最も多い外傷の1つです。熱傷は、高温の液体や固体が一定時間以上接すると生じるものです。

① 原因

熱傷は火炎・爆発などで生じる場合もあります。また、低温熱傷と呼ばれる、比較的低い温度（44〜60度）で生じる熱傷もあります。この他、特殊な熱傷として、薬品（酸、アルカリ溶液など）による化学熱傷、電流（家庭電源、落雷など）による電撃傷などがあります。

熱傷の主な原因としては、ヤカンやポットのお湯、コーヒーやお茶、てんぷら油、カップ麺、味噌汁など高温液体によるものがあります。次いでストーブやアイロンなど熱性固体の接触による熱傷が多く見られます。最近では、電気炊飯器やポットの水蒸気の噴出口やファンヒーターの吹き出し口に触れてしまう幼児の熱傷が増えています。湯気は熱湯以上に温度が高いので短時間で簡単に熱傷となります。

② 熱傷の症状

熱傷は深さによりⅠ度、Ⅱ度、Ⅲ度に分類され、それぞれ症状が異なります。その深さは皮膚組織のどの部位まで損傷されているかで決定されます。皮膚の薄い子供やお年寄りでは損傷レベルは深くなります。一般に浅い熱傷は痛みなどの症状が強く、深くなるに従って痛みは少なくなっていきます。

③ 熱傷の治療

熱傷は直ちに冷却することが大切です。これにより熱による皮膚への損傷が深くなることを防ぐだけでなく、受傷部位の痛みを和らげることができます。水道水などの流水を直接流し、冷却は20分くらい行います。水疱がある場合はできるだけ破らないようにしましょう。冷却剤を用いると凍傷を引き起こすことがあるので要注意です。

SECTION 40

化学熱傷

化学熱傷とは、刺激性の高い化学物質が皮膚や粘膜に直接触れることで、組織に損傷が生じることをいいます。化学損傷といわれることもあります。

原因

刺激性の高い化学物質の例としては、強い酸性物質やアルカリ性物質、油になじみやすい（脂溶性）有機化合物などがあげられます。これらの化学物質により、食道や胃、消化管の粘膜を損傷した場合には、穴があく（穿孔）こともあります。化学熱傷が生じる場面には、化学工場や実験室などでの爆発や容器の破損などがあります。

症状

体に刺激性の強い化学物質がかかってしまうと、細胞膜と組織は強いダメージを受けてしまいます。体にとって外からの防御材となっている皮膚や粘膜が損傷を受けると、感染や脱水などのリスクが高まります。また、気道や消化管の内側が細くなって機能が低下したり、いろいろの感覚器官の機能が低下したりします。

化学熱傷は火炎や熱湯に触れたときと同じような熱傷の症状を生じます。皮膚のどの深さにまで損傷が及んだか、どのくらいの面積が損傷したかによって重症度が変わります。

塩酸や硫酸などの酸性物質が危険であることはよく知られています。しかし、アルカリ性の物質は組織へ浸透しやすいため、酸性物質よりも重症化しやすいとされています。

アルカリ性の化学物質による熱傷の場合、組織に浸透し損傷が持続するため、深達度(傷の深さ)の評価が慎重に行われます。

治療

治療として最も優先されることは原因物質の除去です。化学熱傷の多くは酸やアルカリによるもののため、応急処置として皮膚や目など損傷した部位をただちに流水でよく洗浄し、汚染した衣類を除去します。十分な洗浄を行なった後、軟膏薬とガーゼなどの保護材により被覆します。判断に迷った場合には、医療機関に問い合わせるようにしましょう。

広範囲熱傷や気道熱傷の場合には入院となり、熱傷範囲や尿量を参考にして輸液管理が行われます。気道狭窄が起こっている場合には気管挿管、人工呼吸管理が行われます。

化学熱傷が生じたときの注意

酸やアルカリの物質により損傷してしまった時に、反対の性質の物質をかけて「中和」させると、中和により熱が発生する危険や、中和剤による新たな化学熱傷を発生させる可能性があり非常に危険です。ただし、フッ化水素に対するグルコン酸カルシウムやフェノールに対するエチルアルコールのように、化学熱傷に対する中和剤が有効な特殊例もあります。

SECTION 41 頭痛

かき氷を急いで食べると頭が痛くなったりします。これは冷たさを感じる神経が、痛みを感じる神経と同じため、かき氷を食べて口や喉が急激に冷やされると、脳が錯覚して痛みとして感じてしまうためといわれています。

このように頭痛の種類はさまざまで原因もそれぞれ異なります。時間が経てば自然と痛みが治まるものや鎮痛剤を服用すれば症状が治まるものもあれば、生命に関わる重篤な病気の症状であることもあります。

原因と症状

頭痛は、基礎疾患(原因となっている病気)のない頭痛である一次性頭痛と、脳腫瘍や脳出血、外傷などの病変が原因となる二次性頭痛があります。

一次性頭痛には、緊張型頭痛や片頭痛、群発頭痛などが含まれます。また、二次性頭痛は、多岐にわたる病気が原因となり、鼻や副鼻腔、口腔内の病変によるものもあります。

① 一次性頭痛

一次性頭痛で最も多いのは、緊張型頭痛であり、次いで片頭痛が多いとされています。一次性頭痛では、頭痛が絶えず続くのではなく、発作のように突然発症し、いったん治まると痛みはまったく感じなくなります。緊張型頭痛と片頭痛は通常一回の発作が治まれば次の発作まで症状が出ることはありませんが、群発頭痛は発作が数週間から数カ月続き、何も症状がない期間が数カ月から数年続くのが特徴です。

・緊張型頭痛

ストレスや姿勢の異常、頭頸部の筋肉の酷使などによって、頭頸部の筋肉が凝った状態となり、筋肉が放出する発痛物質によって頭痛が生じると考えられています。

・片頭痛

三叉神経《さんさしんけい》周辺の血管が拡張し、神経を刺激することで発症すると考えられています。

・群発頭痛

アルコールや硝酸剤などの血管拡張薬によって頭部の血管が拡張することが原因だといわれています。しかし、明確な発症メカニズムは解明されていません。

②二次性頭痛

二次性頭痛には、頭部外傷や脳卒中をはじめとした脳血管障害、感染症、薬物の副作用や離脱症状によるもの、目や耳・鼻・副鼻腔・口腔の病変によるもの、精神疾患など多くの原因があります。

二次性頭痛では、一次性頭痛のように頭痛が発作のように生じるのではなく、原因となる疾患がある間は断続的に痛みを感じることがほとんどです。頭痛以外にも原因疾患によってさまざまな症状が生じ、頭痛はその症状の1つに過ぎません。

治療

一次性頭痛の治療は頭痛を改善することを目的とし、二次性頭痛は原因となっている病気の治療が目的となります。

① 一次性頭痛の治療

一次性頭痛では薬物治療が主になります。急性期には通常の消炎鎮痛剤が広く使われます。

緊張型頭痛では筋弛緩薬や抗不安薬、片頭痛と群発頭痛ではトリプタン製剤などが使用されます。さらに、群発頭痛では薬物治療だけでなく、酸素吸入も有効な治療法とされています。

また、発作が起きていないときに予防として、片頭痛ではカルシウムブロッカーやβ遮断薬、抗てんかん薬、抗うつ薬などが用いられます。また、群発頭痛ではベラパミルやバルプロ酸、炭酸リチウムなどが使用されることもあります。

②二次性頭痛の治療

二次性頭痛では頭痛の原因となっている病気の治療が優先して行われます。多くの場合では原因疾患の治療が行われると、頭痛も改善します。対処療法としては消炎鎮痛薬や抗けいれん薬などが使用されることもありますが、効果は一時的なもので根本の原因が解決されない限り頭痛は治まりません。

SECTION 42

幻肢痛

幻肢痛《げんしつう》とは、切断して存在しないはずの手や足に痛みを感じることです。交通事故などで腕や足を切断した後に、失ったはずの手や足の感覚があると錯覚を起こし、そこに痛みなどを感じる状態です。

切断をした人の60〜80%で生じるとされますが、強い痛みになる人は5〜10%とまれです。以前は心理的な問題だと考えられていましたが、現在、この感覚は、脊髄と脳、または切断した断面近傍が原因で生じていると考えられています。

幻肢痛のメカニズムは解明されていませんが、切断面の神経損傷や神経腫の形成、切断部位の瘢痕組織による異常興奮、切断前の痛みの記憶、脳や脊髄での伝達異常や異常興奮など、さまざまな要因が考えられています。サイズの合わない義肢も、痛みを引き起こす原因になります。

一般的に症状の強さや持続時間は時間の経過とともに減少しますが、一部には強い痛みが残るケースもあります。

幻肢痛の痛み

幻肢痛の症状はほとんどの場合、間欠的です。長い間ずっと痛いのではなく、数秒、数分、数時間などと特定の短い時間だけ痛みが生じます。痛みの種類としては、電気が走るような痛み(電撃痛)や、捻られるような痛み、ズキズキする痛みなどさまざまです。他にも刃物で裂かれる、きつい靴で締め付けられる、しみる、痙攣する、こむら返りするような痛みなどと表現される疼痛があります。

幻肢痛が発生するのは、失った手や指、足などが主であり、肘や膝に感じることはまれです。

発症時期

幻肢痛は一般的には切断の手術後1週間以内に発症します。1日以内の人が約半数、

8割以上の人は切断から4日以内に発症します。1週間以上経過してから発症するのは10%未満です。

治療法

幻肢痛への一般的な治療方法としては大きく分けて、薬物療法と、非薬物療法があります。薬物療法としては、鎮痛剤、抗痙攣薬、抗てんかん薬が使われますが、コデインやモルヒネなどのオピオイド系の薬を使用することもあります。非薬物療法としてはミラーセラピーが有効なことがあります。

ミラーセラピーは、鏡を使って存在している方の四肢を見せることで、脳に「幻

●ミラーセラピー

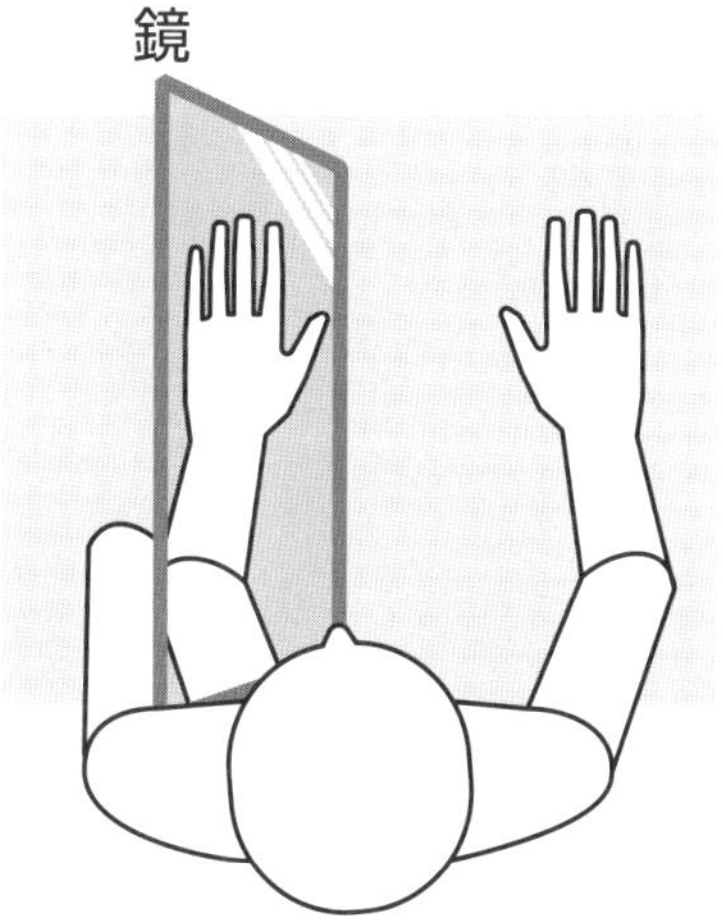

肢は無傷である」という錯覚情報を受け取らせる治療です。

方法としては体の正中線上に鏡を置き、切断されていない方向から鏡を覗き、切断部位は鏡の後ろに隠れるようにします。鏡には、無傷の腕や脚が映されて、自分の手足とともに、鏡の中にもう一つ別の手足を見ることができます。こうすることで脳は切断が起こっていないという情報を符号化することになり、これが痛みを和らげると考えられています。

Chapter. 8
聴覚の錯覚

SECTION 43

耳鳴り

耳鳴りとは周りで実際に何も音が鳴っているはずがないのに、耳の中にさまざまな雑音が聞こえるという錯覚が生じる状態をいいます。代表的な音としてはゴー、ザー、ジー、ブーンというような冷蔵庫のような低い音やキーン、ピーという金属音やセミの鳴くようなミーンという高い音などもあります。

これらの音の大きさや鳴る頻度はさまざまです。軽症では小さな音がストレスや疲れがたまった時のみ現れたり、寝る前の静かな場所でだけ起きたりしますが、重症の場合は常に継続的になるため、他の音が聞こえない、会話ができなくなるなどの状態になることもあります。

また、このような耳鳴り症状の他に、めまいや立ちくらみ、頭痛などの症状が現れることもあります。

原因

原因はさまざまですが、多いのは内耳の障害によるものです。他には交通事故やヘッドホン、イヤホンの使い過ぎなどの外傷性のもの、加齢によるものなどがあります。外傷性や加齢性のものは耳だけでなく脳に異常が起きている場合もあります。

症状

耳鳴りの症状は大きく分けると2種類あります。1つは自分にしかわからない自覚的耳鳴りです。もう1つは他人にも聞こえる他覚的耳鳴りです。

① 自覚的耳鳴り

これは、周囲で音が鳴っていないのに自分にだけ音が聞こえるもので、耳鳴りといわれるもののほとんどはこのタイプです。

原因は耳から脳にいたるまでの聴覚経路のどこかで音を感じる神経が過敏になって

いたり、逆に鈍感になっていたりすることが考えられます。音は低音中心のザーザー、ゴーゴー、ジージーという場合とキーン、ピーピー、ミーンという高音中心の場合があります。

② 他覚的耳鳴り

この音は他人にも聞こえます。医師が特別の器具を用いることで自分と患者をつなぐと、患者に聞こえている音が医師にも聞こえてきます。

この場合の原因は、耳管の周りにある筋肉が痙攣していることや、耳管の一部が粘膜に触れることなどによって起きています。コツコツ、プツプツといった音や嚥下時のピチャピチャという音などがあります。

他には持続的に聞こえる場合で、このときは耳のまわりにある血管を流れる血液の雑音が聞こえているのです。

治療法

メニエール病や突発性難聴といった内耳の問題からくる場合の耳鳴りでは、これらの主な病気を改善させる必要があります。しかし、発症からの時間経過が長い場合や加齢にともなう聴力低下からの耳鳴りは完治するのが難しくなります。このような場合には耳鳴りを無くすのではなく、耳鳴りを軽減させたり、耳鳴りと共存できるような治療を試していくこととなります。

①ＴＲＴ療法

ＴＲＴ療法とは日本語でいうと耳鳴り順応療法というような意味になります。これは耳鳴りを異質なものではなく「自然なもの」として感覚的に体を慣らしていく治療法です。この治療法は、ここ10年ぐらいで欧米を中心に普及しているもので、まだ発展途上の治療法ですが、論文報告によると約70～80％の耳鳴り患者さんで症状の改善があったといわれています。

ＴＣＩというノイズ発生器（補聴器のように耳に掛ける器械）から発生する心地よい

ノイズを聴くことで耳鳴りの意識を小さくしていくものです。TCIは一日20分ぐらいの装用から始め、最終的には一日6時間ぐらいに延長します。通常は6カ月から1年半程度で耳鳴りが軽くなりますが、早い場合には1カ月程度で効果がでることもあります。また、最終的にはTCIをつけていなくても耳鳴りが気にならなくなることもあります。

②リドカイン療法

リドカイン（キシロカイン）という麻酔薬を注射すると一過性に耳鳴りが改善することがあります。これを週1回の割合で約10回、つまり2カ月半ほど継続すると20〜30%程度ではありますが、耳鳴りの改善に効果のある場合があります。

SECTION 44

幻聴

幻聴は、現実には聞こえてくるはずのない声や音が聞こえるなどの錯覚をしてしまう現象です。幻聴は、精神的な病にかかっていることが理由で発症している例が多く、幻聴によって行動や感情を左右されるのが典型的な症状です。まわりに人がいないのに話し声や命令してくる声がするなど症状は人それぞれ違います。

幻聴の種類

幻聴が発症する状況は人によって異なりますが、言語ではない音が聞こえる場合と話し声などが聞こえる場合があります。話し声の場合には、内容によって次の3つのパターンに区分することができます。

① 対話性

対話性は、2人以上の会話が聞こえたり、話しかけられたと感じる症状です。この症状は、問いかけに応えるように独り言を言ったり、笑ったりしているようにみえることもあるため、会話性とも呼ばれます。

② 注釈性

注釈性は、自分の言動を解説するような内容なので、症状がある人は、常に監視されているような気がするようです。

③ 命令性

命令性で聞こえる内容は、自分に対する命令や侮辱が多く、自傷を命令された気がして、実際に自分を傷つけてしまう人もいるようです。こういった言語性は、心の悩みに関わる病気を抱えている人に症状が出る可能性が高いです。

幻聴の原因

幻聴の原因として、いくつかの精神科の病気が挙げられます。

① 統合失調症

1つは統合失調症というもので、主に10～30代の若者に多く発症する病気です。認知・行動・情動・自我意識など多彩な精神機能の障害が発生するもので、幻聴の他にも被害妄想や自分の考えが他人に知られている（考想察知）と感じたりする症状が現れることもあります。

② PTSD（心的外傷後ストレス障害）

PTSDも幻聴を引き起こす病気の1つです。これは過去に災害・事故・犯罪・暴力といった心に深く傷が残る出来事を体験したことが原因で、心身に支障をきたしてしまうものです。過去の辛い出来事や経験がよみがえるような幻聴が聞こえてくることが多いといわれています。

③ 高齢

高齢者の場合には、認知症も原因の1つとして挙げられます。認知症の症状として幻聴や幻視はよく挙げられており、その場にいない子供の声がした、悪口が聞こえたという訴えがあれば注意が必要かもしれません。

④ 病気・薬物

脳の病気、薬物（大麻・覚せい剤・シンナー）やアルコール依存症による症状で、幻聴が聞こえてくることもあります。

幻聴への対応

幻聴は、疲労がたまっている、睡眠不足、不安感が強いときなどに症状が現れやすくなります。ゆっくり休息をとって心身共にリフレッシュできる時間を設けましょう。また、幻聴が聞こえてきたときには、「これは幻聴だ」と自分に言い聞かせることが大切です。改めて認識することで、不安を小さくする狙いがあります。

SECTION 45

骨導音

人が音を感じる仕組みとはどうなっているのでしょう？　音を出すと、まず空気が振動します。その振動は耳の中に伝わり、鼓膜を震わせ、やがて耳の奥にある蝸牛という部分へと伝わります。この蝸牛から、音の情報が脳へと伝わっていくのです。つまり、耳で空気の振動（＝音）を受け取ることにより、人は音を聴いています。ところが、耳以外からも音を聴くことができるのです。それが骨導音です。

ベートーベンの難聴対策

大作曲家、ベートーベンは、聴覚障害に悩まされていました。しかし彼は、そんな状態でも音を聴きながら作曲を続けました。一体どういう方法を用いたのでしょうか。

聴覚障害のベートーベンが音を聴く方法として行ったことは何と「タクト（指揮棒）を

口にくわえる」ことでした。タクトを口にくわえ、その先をピアノに押し付けたのです。

ピアノからは大きな音がでていますから、ピアノ自体も震えています。そのピアノの振動はタクトへと伝わり、タクトの振動は歯に伝わり、歯から頭蓋骨、そして蝸牛へと伝わっていくのです。こうしてベートーベンは音を聴いていたというわけです。

●ベートーベン

このエピソードからわかることは「音は骨でも聴ける」ということです。鼓膜の振動だけではなく、頭蓋骨の振動によっても、蝸牛へ音を伝えることは可能です。そして、このことを利用した術が「骨伝導」なのです。

骨導音

通常、「音を聴く」とは耳が空気の振動をとらえることです。このように空気を振動させて伝わる音のことを「気導音」と呼びます。これに対して、ベートーベンがタクトを利用して聴いていたような音、すなわち骨を振動させて伝わる音のことを「骨導音」と呼びます。

骨導音を確認するのは簡単です。あなた自身の耳を手でふさいで声を出してみてください。耳から音が聴こえるはずがないのに、自分の声が聞こえるはずです。それが骨導音です。自分の声が頭蓋骨を震わせ、その振動が蝸牛に伝わって音が聴こえているのです。

ボイスレコーダーや映像などに記録された自分の声は、普段感じている自分の声と違っています。それは記録された声は、気導音だけだからです。それに対して、普段自分で聴く自分の声は、気導音と骨導音が混じったものです。そのため、違った音として聴こえるのです。

骨伝導

骨伝導とは、骨導音を聴く技術です。こめかみの部分などに装置を装着し、その装置が骨に振動を伝えることで、音を聴くことができます。その音は自分だけに聴こえるのが特徴で、耳をふさがないので同時に耳から入ってくる音も聴くことが可能です。

現在では研究も進み、イヤホンや補聴器など、さまざまな装置に骨伝導技術が利用されるようになっています。

●骨伝導イヤホン

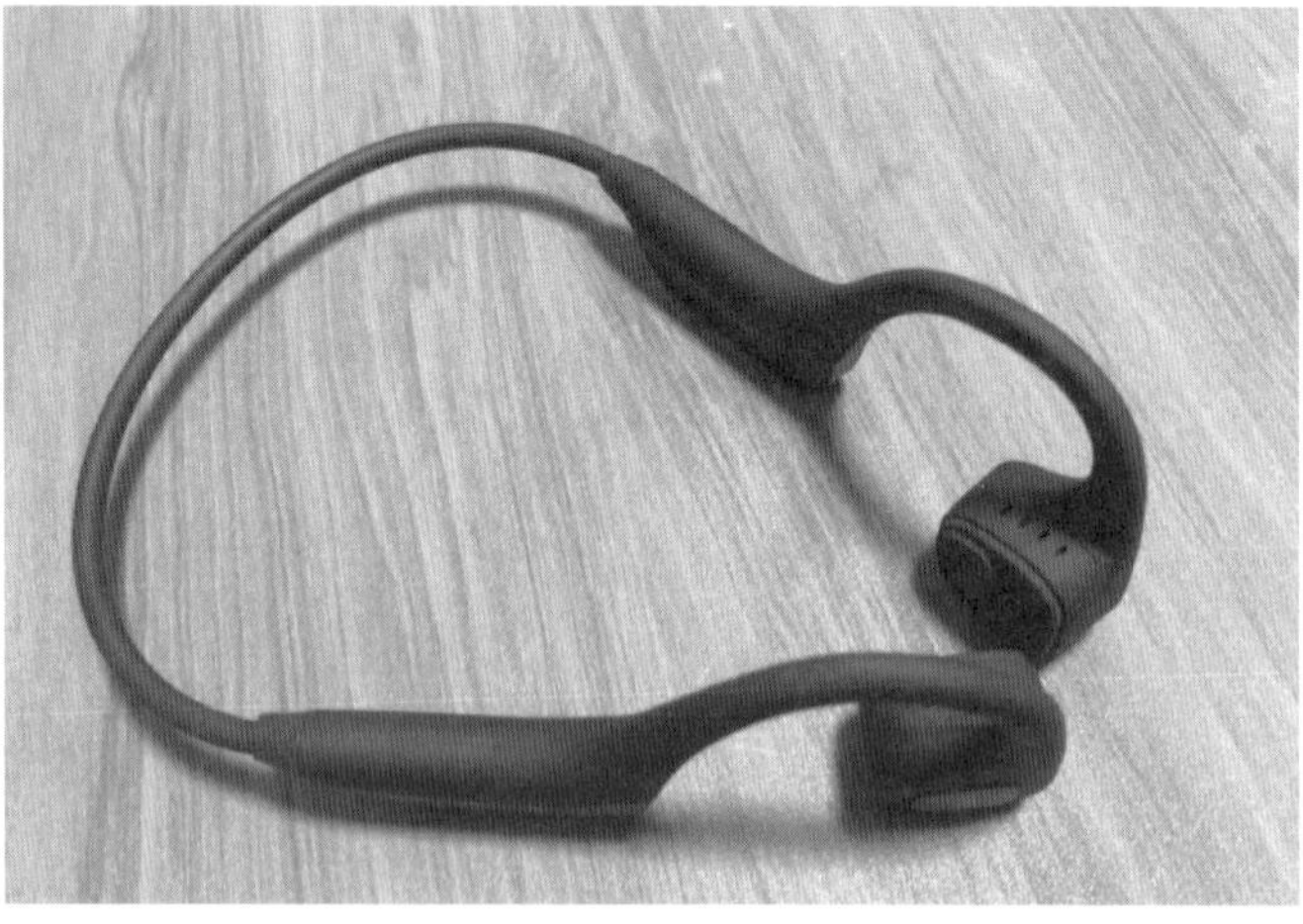

SECTION 46

音源位置の推定

ロボットが人から呼びかけられた時、どこから誰に呼ばれたのかを推定しなければなりません。またテレビ会議で発言者の方向を検出してカメラでクローズアップをしたり、騒音源を調査したりと、音源の方向を推定する技術は広い用途を持っています。

原理

音源方向推定には、信号の到達する時間差を検出する方法が便利です。図は、音源から到来

●音源方向推定

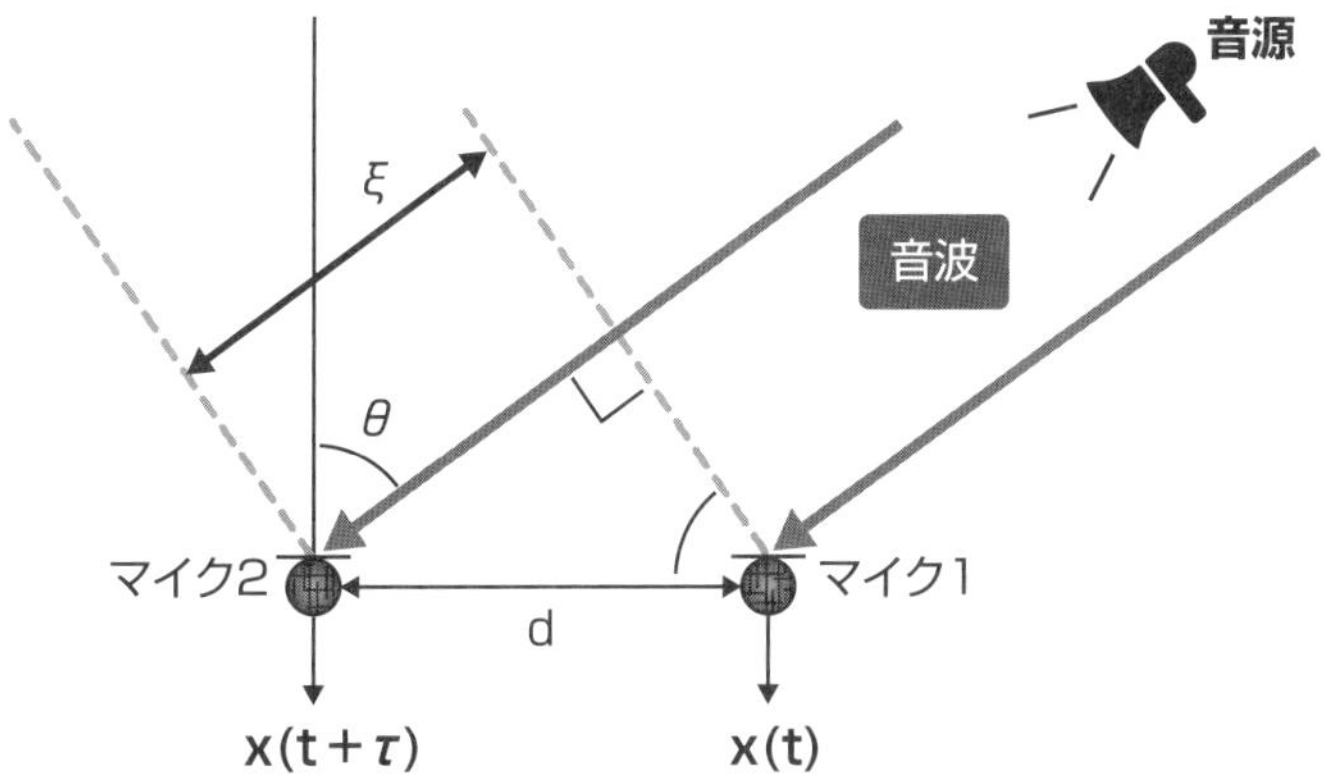

した音波を2つのマイクロホンで受音する様子です。音波は、最初にマイク1で受音され、少し遅れてマイク2で受音されます。この信号の時間差τと音源の方向θは、下式の関係になります。

例えば、音が図の上方向から($\theta = 0°$)から来た場合には時間差は無く、また、音が図の右方向から来た場合には時間差は最大(d/c)となります。よって、マイクロホンで受音された信号の時間差を検出すれば、音源方向が推定されます。

課題

実際の音環境で音源方向推定を行う場合には、周囲の雑音(騒音)や室内の反射音などが妨害要因となって誤推定が発生します。とくに反射音は、同じ音が壁や天井から反射されて「別の方向」から到来するので、大きな妨害要因となります。

●信号の時間差τと音源の方向θの関係

$$\theta = \sin^{-1}(c\tau/d) \qquad c：音速$$

SECTION 47

めまい

めまいとは、「目が回る」「目がくらむ」といった症状のことを指します。めまいを引き起こす病気はさまざまであり、緊急性や対処方法、受診すべき診療科も異なります。とくに激しい頭痛や手足の麻痺などが急に生じた場合には、脳卒中といった緊急疾患も疑われます。病状を見極めつつ、安静を保って自然に消失するのを待つのがいいのか、医療機関を受診すべきか判断することが大切になります。

原因

身体の平衡感覚や位置の認識は、脳や耳、循環器、首などが複雑に相互作用をしながら行われています。めまいは、これら位置の認識に関わる部位のいずれかに異常がある場合に生じる現象です。

①脳が原因の場合

脳の異常により起こるめまいは、脳梗塞や脳出血、くも膜下出血、脳腫瘍などの病気が原因として挙げられます。

②耳が原因の場合

耳は聴こえに関しての機能を果たすだけでなく、平衡感覚も担う重要な臓器です。そのため、耳に異常がある場合、めまいが生じます。具体的には、メニエール病、前庭神経炎などがめまいの原因になります。

③首が原因の場合

首が原因になるものとしては、筋緊張性頭痛や頸椎椎間板ヘルニアなどの整形外科疾患が挙げられます。

④血圧が原因の場合

血圧が低い場合には、脳への血流が減り、めまいとして自覚することがあります。

そのため、起立性低血圧や過度の降圧薬の影響などが原因でめまいが生じることもあります。

症状

めまいの感じ方は人によってさまざまですが、自分がグルグル回っているような感じ、あるいは天井が回るような感じといった、実際には回っていないのに回転しているように錯覚してしまう症状です。

そのほかにも、地面がフワフワゆれている、船に乗っているような感じがする、乗り物酔いのように気持ちが悪いなどと感じることもあります。また、立ちくらみの症状がめまいとして感じることもあります。

めまいに伴い、そのほかの症状が現れることがあります。具体的には、耳鳴り、難聴、吐き気、嘔吐、頭痛、目が見えにくいなどです。ひどい場合は意識消失などの症状が現れることもあります。

治療

めまいの治療は、原因疾患に応じて異なります。脳腫瘍が原因であれば、手術療法や放射線療法などによって腫瘍の摘出・縮小を図ります。脳卒中が原因の場合は、t-PA療法、脳の保護療法、手術などが検討されます。

そのほか、メニエール病であれば内服薬による治療、良性発作性頭位めまい症であれば浮遊耳石置換法など、それぞれにあった治療方法が検討されます。

索引

た行

さ行

ま行

や行

ら行

な行

は行

■著者紹介

齋藤《さいとう》　勝裕《かつひろ》

名古屋工業大学名誉教授、愛知学院大学客員教授。大学に入学以来50年、化学一筋できた超まじめ人間。専門は有機化学から物理化学にわたり、研究テーマは「有機不安定中間体」、「環状付加反応」、「有機光化学」、「有機金属化合物」、「有機電気化学」、「超分子化学」、「有機超伝導体」、「有機半導体」、「有機EL」、「有機色素増感太陽電池」と、気は多い。執筆暦はここ十数年と日は浅いが、出版点数は150冊以上と月刊誌状態である。量子化学から生命化学まで、化学の全領域にわたる。著書に、「SUPERサイエンス 糞尿をめぐるエネルギー革命」「SUPERサイエンス 縄文時代驚異の科学」「SUPERサイエンス 「電気」という物理現象の不思議な科学」「SUPERサイエンス 「腐る」というすごい科学」「SUPERサイエンス 人類が生み出した「単位」という不思議な世界」「SUPERサイエンス 「水」という物質の不思議な科学」「SUPERサイエンス 大失敗から生まれたすごい科学」「SUPERサイエンス 知られざる温泉の秘密」「SUPERサイエンス 量子化学の世界」「SUPERサイエンス 日本刀の驚くべき技術」「SUPERサイエンス ニセ科学の栄光と挫折」「SUPERサイエンス セラミックス驚異の世界」「SUPERサイエンス 鮮度を保つ漁業の科学」「SUPERサイエンス 人類を脅かす新型コロナウイルス」「SUPERサイエンス 身近に潜む食卓の危険物」「SUPERサイエンス 人類を救う農業の科学」「SUPERサイエンス 貴金属の知られざる科学」「SUPERサイエンス 知られざる金属の不思議」「SUPERサイエンス レアメタル・レアアースの驚くべき能力」「SUPERサイエンス 世界を変える電池の科学」「SUPERサイエンス 意外と知らないお酒の科学」「SUPERサイエンス プラスチック知られざる世界」「SUPERサイエンス 人類が手に入れた地球のエネルギー」「SUPERサイエンス 分子集合体の科学」「SUPERサイエンス 分子マシン驚異の世界」「SUPERサイエンス 火災と消防の科学」「SUPERサイエンス 戦争と平和のテクノロジー」「SUPERサイエンス 「毒」と「薬」の不思議な関係」「SUPERサイエンス 身近に潜む危ない化学反応」「SUPERサイエンス 爆発の仕組みを化学する」「SUPERサイエンス 脳を惑わす薬物とくすり」「サイエンスミステリー 亜澄錬太郎の事件簿1　創られたデータ」「サイエンスミステリー 亜澄錬太郎の事件簿2　殺意の卒業旅行」「サイエンスミステリー 亜澄錬太郎の事件簿3　忘れ得ぬ想い」「サイエンスミステリー 亜澄錬太郎の事件簿4　美貌の行方」「サイエンスミステリー 亜澄錬太郎の事件簿5［新潟編］　撤退の代償」「サイエンスミステリー 亜澄錬太郎の事件簿6［東海編］　捏造の連鎖」「サイエンスミステリー 亜澄錬太郎の事件簿7［東北編］ 呪縛の俳句」「サイエンスミステリー 亜澄錬太郎の事件簿8［九州編］ 偽りの才媛」（C&R研究所）がある。

編集担当：西方洋一 ／ カバーデザイン：秋田勘助（オフィス・エドモント）

SUPERサイエンス 五感を騙す錯覚の科学

2024年2月25日　　初版発行

著　者　齋藤勝裕
発行者　池田武人
発行所　株式会社　シーアンドアール研究所
新潟県新潟市北区西名目所 4083-6（〒950-3122）
電話　025-259-4293　FAX　025-258-2801
印刷所　株式会社　ルナテック

ISBN978-4-86354-441-3 C0047